SEGURANÇA JURÍDICA, CERTEZA DO DIREITO E TRIBUTAÇÃO

A concretização da certeza quanto à instituição de tributos através das garantias da legalidade, da irretroatividade e da anterioridade

1255

P332s Paulsen, Leandro
    Segurança jurídica, certeza do direito e tributação: a concretização da certeza quanto à instituição de tributos através das garantias da legalidade, da irretroatividade e da anterioridade / Leandro Paulsen. — Porto Alegre: Livraria do Advogado Ed., 2006.
    176 p.; 23 cm.

    ISBN 85-7348-409-8

    1. Direito Tributário. 2. Tributação. 3. Segurança jurídica. I. Título.

                              CDU - 336.2

        Índices para o catálogo sistemático:
    Direito Tributário
    Tributação
    Segurança jurídica

        (Bibliotecária responsável: Marta Roberto, CRB-10/652)

Leandro Paulsen

SEGURANÇA JURÍDICA, CERTEZA DO DIREITO E TRIBUTAÇÃO

A concretização da certeza quanto à instituição de tributos através das garantias da legalidade, da irretroatividade e da anterioridade

livraria
DO ADVOGADO
editora

Porto Alegre, 2006

© Leandro Paulsen, 2006

Capa, projeto gráfico e diagramação de
Livraria do Advogado Editora

Revisão de
Rosane Marques Borba

Direitos desta edição reservados por
Livraria do Advogado Editora Ltda.
Rua Riachuelo, 1338
90010-273 Porto Alegre RS
Fone/fax: 0800-51-7522
editora@livrariadoadvogado.com.br
www.doadvogado.com.br

Impresso no Brasil / Printed in Brazil

Dedico à minha Família, razão de tudo, e aos meus colegas Juízes Federais, companheiros do dia-a-dia

Agradeço ao Professor Cezar Saldanha Souza Junior, meu orientador no mestrado, bem como aos Professores Luís Afonso Heck e Luiz Felipe Silveira Difini pelas críticas e orientações no exame de qualificação

Agradeço, também, aos Professores Ricardo Lobo Torres, Marco Aurélio Greco e Humberto Bergmann Ávila, que participaram da banca

A todos os Professores e aos servidores do Pós-Gradução da UFRGS

À Ivete, bibliotecária da Justiça Federal de Porto Alegre, pela atenção e presteza quanto às minhas solicitações para este e outros trabalhos.

Sumário

Prólogo 13
Introdução 15

Primeira Parte
PRINCÍPIO DA SEGURANÇA JURÍDICA

Capítulo I - Fundamento da Segurança Jurídica 21
  1. O valor segurança 21
  2. Segurança x justiça 23
  3. A segurança do movimento 26
  4. A segurança jurídica como princípio constitucional implícito 28
  5. O princípio da segurança jurídica como decorrência do sobreprincípio do Estado de Direito 33
  6. O princípio da segurança jurídica concretizado nos direitos e garantias individuais 43

Capítulo II - Conteúdo da Segurança Jurídica 48
  7. A necessidade de investigação dos diversos âmbitos de concretização da segurança jurídica 48
  8. Identificação dos conteúdos fundamentais da segurança jurídica 49
  9. A segurança jurídica como certeza do direito 53
  10. A segurança jurídica como intangibilidade das posições jurídicas consolidadas 56
  11. A segurança jurídica como estabilidade das situações jurídicas 58
  12. A segurança jurídica como confiança no tráfego jurídico . 59
  13. A segurança jurídica como tutela jurisdicional 60

Capítulo III - Especificidade da Segurança Jurídica Tributária 62
  14. O princípio da segurança jurídica como sobreprincípio em matéria tributária 62

15. Os diversos conteúdos da segurança jurídica em matéria tributária e a aplicação das garantias constitucionais genéricas 64
16. A concretização constitucional da certeza do direito em matéria tributária 72
17. O conteúdo qualificado da certeza do direito em matéria tributária na Constituição da República Federativa do Brasil de 1988 74
18. A importância da certeza do direito para a verificação do alcance efetivo das garantias da legalidade, da irretroatividade e da anterioridade em casos difíceis e a possibilidade de revisão da jurisprudência 76

Segunda Parte
CERTEZA DO DIREITO NA INSTITUIÇÃO DE TRIBUTOS

Capítulo IV – Certeza do Direito e Reserva Legal Absoluta . 83
19. A reserva legal em matéria tributária 83
20. Da "tipicidade fechada" à determinabilidade e o critério da suficiência 92
21. A necessidade de completude da lei tributária impositiva 98
22. A necessidade de densidade da lei tributária impositiva . . 102
23. A certeza quanto à lei tributária impositiva em abstrato *x* a aplicação do direito 109

Capítulo V – Certeza do Direito e Conhecimento Prévio da Lei Tributária Impositiva 113
24. A proteção ao direito adquirido, ao ato jurídico perfeito e à coisa julgada 113
25. A irretroatividade tributária como garantia especial e qualificada 118
26. A ausência de exceções à irretroatividade quanto à instituição e à majoração de tributos 123
27. Os diversos aspectos da norma tributária impositiva como critério para a verificação da retroatividade 125
28. Os diversos tipos de fato gerador e a aplicação da irretroatividade inclusive aos fatos geradores de período . 130

Capítulo VI – Certeza do Direito e Conhecimento Antecipado da Lei Tributária Impositiva 143
29. O conhecimento antecipado da lei tributária impositiva como garantia exclusivamente tributária 143
30. Da anualidade à anterioridade 145
31. A anterioridade de exercício e a anterioridade nonagesimal mínima quanto à instituição e à majoração dos tributos em geral e a anterioridade nonagesimal quanto à instituição e à majoração de contribuições sociais de seguridade social 148

32. Da não-surpresa e da previsibilidade ao conhecimento antecipado 151
33. Instituição e majoração x prorrogação 154
34. Os tributos com fatos geradores de período e a anterioridade tributária 158

Conclusão 165

Bibliografia referida 171

Prólogo

Não obstante as inovações surgidas com a Constituição da República Federativa do Brasil de 1988, como a redefinição das espécies tributárias e, também, o incremento das garantias do contribuinte, em particular quanto à irretroatividade e à anterioridade, verificamos que há grande dificuldade por parte da doutrina e principalmente dos tribunais em desenvolver novas abordagens relativamente aos problemas centrais do Direito Tributário que são a justiça e a segurança tributárias. Apenas nos últimos anos é que se tem começado a dar novas perspectivas ao Direito Tributário, até então muito centrado na Teoria do Fato Gerador, com base na qual foi erigida a sua autonomia, mas que o tornou excessivamente legalista e hermético.

A falta de uma visão do tributo como um instrumento para a viabilização das políticas que a sociedade entenda relevantes distorce e restringe a análise tributária. A ausência da consideração do tributo como algo da sociedade para si própria compromete a percepção de que a tributação deve ser, necessariamente, compatível tanto material quanto formalmente com os ideais de justiça e de segurança desta mesma sociedade, de modo que assuma um papel positivo no sentido do desenvolvimento econômico e social, e não que acabe por comprometer a geração de riquezas, seja por ônus excessivo, por desequilíbrio na distribuição da carga tributária, por admissão de exigências irrazoáveis, desproporcionais ou inopinadas.

Uma perspectiva principiológica se faz necessária para dar coerência ao sistema tributário, ensejando que se construam interpretações e aplicações mais consentâneas com os valores constitucionalmente consagrados.

Muitos temas relevantes nesta área, vinculados à justiça tributária, exigem estudos mais densos, como o princípio da isonomia tributária, o da capacidade contributiva e o da solidariedade, este ainda quase intocado.[1]

Mas também o princípio da segurança jurídica demanda novas abordagens em matéria de tributação. O grande desafio é investigar como se dá a aplicação das garantias da legalidade, da irretroatividade e da anterioridade não apenas nos casos fáceis, mas nos casos difíceis, nas zonas de penumbra, nas hipóteses em que até hoje se verificaram soluções que comprometem a certeza do direito.

Daí o interesse no tema do presente trabalho e a necessidade de abordá-lo.

Redigimos esta dissertação de modo que restassem bem expostos o problema com seus desdobramentos, os fundamentos para o raciocínio e a construção das conclusões, sem a pretensão, porém, de tudo dizer sobre o tema, até porque não estaria ao nosso alcance.

Estaremos satisfeitos se o trabalho tiver consistência para contribuir, ainda que modestamente, para uma melhor compreensão da segurança jurídica em matéria tributária e, principalmente, para uma melhor aplicação deste princípio em prol do amadurecimento das relações entre o Fisco e o contribuinte. Esperamos que o texto seja lido, e por inteiro, por um grande número de operadores do direito, o que justificará o esforço para a sua produção.

---

[1] MARCO AURÉLIO GRECO começa a suprir esta lacuna com a obra que coordenou, intitulada *Solidariedade Social e Tributação*, editora Dialética, 2005.

Introdução

O objeto do trabalho

No presente estudo, identificamos o princípio da segurança jurídica como princípio constitucional implícito decorrente do sobreprincípio do Estado de Direito e ressaltamos sua particular concretização em matéria tributária, no que diz respeito ao seu conteúdo de certeza do direito, através das garantias constitucionais expressas da legalidade, da irretroatividade e da anterioridade.

Verificamos o alcance de cada uma dessas garantias tendo como critério diretivo a otimização da segurança jurídica, de modo que efetivamente assegurem que o contribuinte apenas esteja sujeito aos tributos instituídos por lei suficientemente completa e clara, efetivamente prospectiva e conhecida com antecedência.

Trata-se de trabalho de dogmática constitucional que fundamenta o princípio da segurança jurídica no texto da Constituição da República Federativa do Brasil de 1988 – CRFB – e dele extrai sua latitude normativa no que diz respeito à instituição e à majoração de tributos.

Orientados pela experiência e percuciência do Professor-Doutor Cezar Saldanha Souza Junior, estabelecemos, assim, um foco bastante claro e específico, de modo que a análise ganhasse consistência e servisse de referência na revisão da matéria.

Deixamos, pois, para outra oportunidade, o estudo das demais implicações do princípio da segurança jurídica em matéria tributária, referindo-as apenas em caráter exemplificativo, como instrumento para uma melhor identificação dos seus diversos conteúdos e da perspectiva específica da certeza do direito.

O método adotado

Para a realização do trabalho, pesquisamos e analisamos principalmente o ordenamento jurídico e a doutrina constitucional e tributária brasileiros. Mas também consultamos doutrina e legislação estrangeiras.

A partir de tal material, buscamos identificar o fundamento do princípio da segurança jurídica e os seus diversos conteúdos normativos, verificando, então, o modo particular como se revela na CRFB.

Na análise do texto constitucional, cotejamos as garantias gerais da legalidade e da proteção ao direito adquirido e ao ato jurídico perfeito com as garantias tributárias da legalidade estrita, da irretroatividade e das anterioridades, de modo a apreender o acréscimo de proteção concedido aos contribuintes no que diz respeito à instituição e à majoração de tributos.

Em caráter ilustrativo, foram referidos textos constitucionais e leis gerais tributárias estrangeiros.

Importância e finalidade

Temos uma jurisprudência que, em matéria tributária, ainda é pouco afeita à análise das garantias constitucionais dos contribuintes com vista aos bens que estas procuram preservar e ao conteúdo de valor que as justifica e que deve ser promovido,[2] o que se evidencia em argumentações que passam ao largo dos princípios constitucionais, muitas vezes sequer os considerando.

A ausência de uma atuação consistente no sentido de efetivar a otimização dos princípios constitucionais tribu-

---

[2] Referindo-se ao desenvolvimento da eficácia normativa dos princípios constitucionais, LUÍS AFONSO HECK destaca que o Tribunal Constitucional Federal alemão "não apenas guarda defendendo, mas, simultaneamente, consolida atuando". Vide em *O Tribunal Constitucional Federal e o Desenvolvimento dos Princípios Constitucionais: contributo para uma compreensão da Jurisdição Constitucional Federal Alemã*. Porto Alegre: Fabris, 1995.

tários acaba por implicar menoscabo aos mesmos, inclusive dando ensejo a decisões inconstitucionais.

Uma melhor compreensão da latitude normativa do princípio da segurança jurídica e do seu conteúdo enquanto afirmação da certeza do direito mostra-se indispensável na análise das condutas para tanto impostas pela legalidade, pela irretroatividade e pela anterioridade tributárias.

A consideração da segurança jurídica como valor a ser buscado na interpretação e aplicação de tais garantias constitucionais tributárias não apenas orienta adequadamente o operador do Direito como afasta análises inconseqüentes sob a perspectiva axiológica e equivocadas no plano deôntico.

A abordagem das garantias da legalidade, da irretroatividade e da anterioridade sob o influxo da certeza do direito é capaz de indicar um caminho para a aplicação do Direito Tributário que dê mais efetividade ao texto constitucional, ensejando a revisão da jurisprudência que nele não encontra amparo, do que é exemplo a consolidada na Súmula 584 do Supremo Tribunal Federal.

Ainda que os precedentes sejam fonte do Direito – e até mesmo por isso –, impende que se proceda à sua crítica e questionamento, apontando, em sendo o caso, a necessidade da sua superação.

Assume, pois, maior relevância ainda a abordagem na medida em que se faz necessário demonstrar a inconsistência de posições hoje predominantes nos tribunais.

Plano de exposição

O trabalho está dividido em duas partes, cada uma subdividida em três capítulos.

Na **Primeira Parte**, examinamos o suporte constitucional do princípio da segurança jurídica e sua latitude normativa.

Ocupamo-nos, primeiramente, com a fundamentação do princípio implícito da segurança jurídica como decorrência do princípio do Estado de Direito e com a identificação dos direitos e garantias individuais que o concretizam já em nível constitucional – Capítulo I.

Ato contínuo, demonstramos os diversos conteúdos do princípio da segurança jurídica: certeza do direito, intangibilidade de posições jurídicas, estabilidade das situações jurídicas, confiança no tráfego jurídico e tutela jurisdicional – Capítulo II.

No Capítulo III, destacamos o papel do princípio da segurança jurídica enquanto sobreprincípio em matéria tributária, centrando a atenção, dentre as suas diversas aplicações, no seu conteúdo qualificado de certeza do direito quanto à instituição e à majoração de tributos. Destacamos, ainda, a necessidade de interpretação e de aplicação das garantias da legalidade, da irretroatividade e da anterioridade, tendo em vista o princípio que as inspira e para cuja concretização foram estabelecidas.

Na **Segunda Parte**, focamos especificamente a concretização constitucional do princípio da segurança jurídica enquanto certeza do direito através das garantias da legalidade, da irretroatividade e da anterioridade.

O Capítulo IV destinamos à análise da certeza do direito enquanto reserva legal absoluta. Apontamos o requisito da determinabilidade e o critério da suficiência como decisivos para a verificação do atendimento, pela lei, densidade e completitude normativas exigidas pela legalidade tributária, o que também orienta a análise da certeza quanto à norma tributária impositiva em abstrato relativamente a sua aplicação.

A perspectiva da certeza do direito enquanto conhecimento prévio da lei tributária impositiva é o objeto do Capítulo V. Destacamos, então, as peculiaridades da irretroatividade no que diz respeito à instituição e à majoração de tributos relativamente à garantia geral da proteção ao direito adquirido, ao ato jurídico perfeito e à coisa julgada, chamando atenção para a ausência de exceções à irretroatividade tributária na CRFB. Também abordamos a necessidade de que se submeta à irretroatividade inclusive a lei atinente aos tributos com fatos geradores de período, destacando a legislação estrangeira existente nesse sentido.

Por fim, abordamos, no Capítulo VI, a certeza do direito enquanto conhecimento antecipado das normas tributárias impositivas. Ressaltamos a anterioridade como garantia especificamente tributária e a qualificação que atribui à certeza do direito nessa seara. Verificamos, então, como a anterioridade deve ser aplicada de modo que permita ao contribuinte preparar-se para o aumento da carga tributária.

Primeira Parte

PRINCÍPIO DA SEGURANÇA JURÍDICA

Capitulo I
Fundamento da Segurança Jurídica

1. O valor segurança

Seguro é aquilo que está livre de perigo, livre de risco, protegido, acautelado, garantido. Segurança é o estado, a qualidade ou a condição de seguro.[3] Por certo que a segurança, nesta acepção, se afigura indispensável à existência humana, relacionando-se com a própria manutenção da vida.

Outras acepções tomam relevância, contudo, na relação do homem, enquanto ser social, com os demais e com o próprio Estado. Não apenas precisa colocar a sua vida livre de perigo, livre de risco, protegida, acautelada, garantida, como também vislumbrar segurança nos efeitos dos atos que pratique e a que esteja sujeito, de modo que possa pautar a sua conduta em face de expectativas do que efetivamente possa acontecer.[4][5][6] Daí a referência à segu-

---

[3] FERREIRA, Aurélio Buarque de Holanda. *Novo Dicionário Aurélio da Língua Portuguesa*. 2ª edição. Rio de Janeiro: Nova Fronteira, 1986, p. 1563.

[4] "[...] a etimologia do sentido fundamental da palavra segurança é assaz sugestiva (se, prefixo privativo, síncope de sine + cura = cuidado, resguardo, cautela, precaução, preocupação), à proporção que aponta para tranqüilidade de ânimo, indica isenção de preocupações, cuidados. É vocábulo que expressa tranqüilidade, quietação." (RABELLO FILHO, Francisco Pinto. *O Princípio da Anterioridade da Lei Tributária*. São Paulo: RT, 2002, p. 100, referindo em nota que é conforme COMPARATO, Fábio Konder. *Para viver a democracia*. Brasiliense, 1989)

[5] "sine, prep. (abl.). Sem [...]"; "cūra, -ae. Subs [...] II – Sents. Diversos: 4) Objeto ou causa de inquietação, inquietação [...]" (FARIA, ERNESTO, *Dicionário escolar*

rança também como a condição daquilo em que se pode confiar, como certeza, firmeza, convicção.[7] [8]

O Direito, como instrumento de organização da vida em sociedade, surge para a afirmação da segurança.[9] A segurança constitui, assim, traço imanente ao Direito,[10] tanto nas relações entre os indivíduos como nas destes com o Estado.

Souto Maior Borges chega a se referir à segurança como transcendente ao próprio ordenamento jurídico:

> A segurança jurídica pode ser visualizada como um valor transcendente ao ordenamento jurídico, no sentido de que a sua investigação não se confina ao sistema jurídico positivo. Antes, inspira as normas que, no âmbito do Direito Positivo, lhe atribuem efetividade.[11]

Daí por que a expressão *segurança jurídica* é considerada quase que uma tautologia ou uma redundância, conforme afirma Cármen Lúcia Antunes Rocha: "Segurança jurídica poderia mesmo parecer tautologia. Direito e segurança andam juntos. Claro: o direito põe-se para dar se-

---

latino-português; revisão de Ruth Junqueira de Faria. 6ª ed. 5ª tir. Rio de Janeiro: FAE, 1992, p. 151 e 507)

[6] ROQUE ANTONIO CARRAZA afirma: "Como o Direito é a 'imputação de efeitos a determinados fatos' (Kelsen), cada pessoa tem elementos para conhecer previamente as conseqüências de seus atos." (CARRAZA, Roque Antonio. *Curso de Direito Constitucional Tributário*. 20ª ed. São Paulo: Malheiros, 2004, p. 396)

[7] FERREIRA, Aurélio Buarque de Holanda. *Novo Dicionário Aurélio da Língua Portuguesa*. 2ª edição. Rio de Janeiro: Nova Fronteira, 1986, p. 1563.

[8] "Qué es la seguridad? Es un sustantivo que traduce un estado institucional y/o personal. Proviene del latín securitas que dice de sus propiedades o de los componentes de lo próprio, en tanto se refiere a 'lo cierto', 'lo confiable', 'lo indemne', 'lo conocido', 'lo indubitable', 'lo responsable', 'lo sólido', 'lo infalible', 'lo estable', 'lo continuo', 'lo transparente', 'lo tranquilo', 'lo protegido', 'lo amparado', de y em la vivencia y la convivência." (ALFONSO, Luciano Parejo; DROMI, Roberto. *Seguridad Pública y Derecho Administrativo*. Buenos Aires; Madrid: Marcial Pons, 2001, p. 201)

[9] "O Estado é, desde o início, o estabelecimento de uma ordem, em termos de a segurança parecer como seu principal (ou primeiro) objetivo." (CAMPOS, Diogo Leite de; CAMPOS, Mônica Horta Neves Leite de. *Direito Tributário*. Belo Horizonte: Del Rey, 2001, p. 195.

[10] "El Derecho es, por excelencia, instrumento nato de seguridad jurídica." (VILLEGAS, Héctor B. Principio de seguridad jurídica en la creación y aplicación del tributo/El contenido de la seguridad jurídica. *Revista de Direito Tributário* nº 66. Malheiros, p. 7)

[11] BORGES, Souto Maior. Princípio da Segurança Jurídica na Criação e Aplicação do Tributo, *RDT* nº 63. São Paulo: Malheiros, 1997, p. 206.

gurança, pois, para se ter insegurança, direito não é necessário".[12] [13]

2. Segurança x justiça

Ainda que a segurança seja, pois, imanente ao Direito, Cármen Lúcia Antunes Rocha procura qualificá-la como qualidade do sistema, e não como valor, reservando este último enquadramento para a justiça:

> A segurança não é, contudo, valor, é qualidade de um sistema ou de sua aplicação. Valor é a justiça, que é buscada pela positivação e aplicação de qualquer sistema. O que é seguro pode não ser justo, mas o inseguro faz-se injustiça ao ser humano, tão carente de certeza é ele em sua vida.
>
> Segurança jurídica é o direito da pessoa à estabilidade em suas relações jurídicas.[14]

Tal afirmação, porém, apresenta-se influenciada pelo fato de que a autora, tratando da coisa julgada inconstitucional, procurava, no texto em questão, demonstrar que não haveria valor na afirmação da estabilidade, da intangibilidade, da imutabilidade de algo injusto, que a segurança pretendida pelo Direito seria a segurança do justo e, portanto, a justiça seria o valor, só se justificando a afirmação da segurança quando presente o valor justiça.

Ocorre que o contrário também se poderia afirmar, ou seja, que não há sentido numa justiça precária, sem me-

---

[12] ROCHA, Cármen Lúcia Antunes. Coord. *Constituição e Segurança Jurídica: Direito Adquirido, Ato Jurídico Perfeito e Coisa Julgada*. Belo Horizonte: Fórum, 2004, p. 168.

[13] Também a doutrina francesa é trazida pela referida Autora, citando JEAN-GUY HUGLO: "La securité juridique est une tautologie. [...] la formule sonne em effet comme une sorte de redondance, tant il parait évident qu'um droit qui n'assurerait pás à la securité des relations qu'il régit cesserait d' em être um. Imaginet-on um droit qui organiserait l'insécurité, ou même qui la rendrait possible?'[...] Il n'empêche que lê droit comme la societé qui lê produit et quíl entend régir est um organismo vivant quin e peut qu' évoluer. L'immutabilité est une des définitions possibles de la mort. [...] L'insécurité fait partie elle aussi du droit. Lê choix n'est donc pás de nature mais de dégré. Quelle part d'insécurité um système juridique peut-il supporter?" (HUGLO, Jean-Guy. La Cour de Cassation et lê Príncipe de la Sécurité Juridique. In: *Lês Cahiers du Conseil Constitutionnel*. Paris: Dalloz, 2001, n. 11, p. 82)." (Apud ROCHA, Cármen Lúcia Antunes. Coordenadora. *Constituição e Segurança Jurídica: Direito Adquirido, Ato Jurídico Perfeito e Coisa Julgada*. Belo Horizonte: Fórum, 2004, p. 168)

[14] ROCHA, Cármen Lúcia Antunes, op. cit., p. 168.

canismos de afirmação e proteção, enfim, que a justiça só encontra sentido quando se a pode efetivar em caráter estável, ensejando a intangibilidade do justo, a sua proteção, enfim, que a justiça pretendida pelo Direito é a justiça segura, protegida pelo sistema, sendo a segurança, pois, o valor a ser buscado.

Em verdade, tanto a justiça como a segurança constituem valores basilares do Direito,[15] mantendo implicações mútuas, por vezes, até se confundindo, noutras, aparentemente, contrapondo-se, o que há muito já se tem afirmado, conforme a lição de Almiro do Couto e Silva:

> Se é antiga a observação de que justiça e segurança jurídica freqüentemente se completam, de maneira que pela justiça chega-se à segurança e vice-versa, é certo que também freqüentemente colocam-se em oposição.
>
> [...]
>
> Na verdade, quando se diz que em determinadas circunstâncias a segurança jurídica deve preponderar sobre a justiça, o que se está afirmando, a rigor, é que o princípio da segurança jurídica passou a exprimir, naquele caso, diante das peculiaridades da situação concreta, a justiça material. Segurança jurídica não é, aí, algo que se contraponha à justiça, é ela própria justiça. Parece-me, pois, que as antinomias e conflitos entre justiça e segurança jurídica, fora do mundo platônico das idéias puras, alheias e indiferentes ao tempo e à história, são falsas antinomias e conflitos.[16]

Também Ricardo Lobo Torres destaca a tensão entre a segurança e a justiça:

> A tensão entre a segurança e a justiça é muitas vezes 'dramática', constituindo uma das contradições básicas do sistema jurídico, em permanente necessidade de superação. Procura-se incessantemente o equilíbrio entre os dois valores, não raro comprometido pela radicalização em torno de uma só daquelas idéias. A harmonia é buscada principalmente pela razoabilidade na aplicação das normas e pela ponderação de princípios.[17]

---

[15] "A ordem/certeza é um valor em si mesma; mas só sustentável com base na Justiça." CAMPOS, Diogo Leite de; CAMPOS, Mônica Horta Neves Leite de. *Direito Tributário*. Belo Horizonte: Del Rey, 2001, p. 195.

[16] COUTO E SILVA, Almiro do. Princípios da Legalidade da Administração Pública e da Segurança Jurídica no Estado de Direito Contemporâneo. *Revista de Direito Público* nº 84. São Paulo: RT, 1987, P. 46/47.

[17] TORRES, Ricardo Lobo. A Segurança Jurídica e as Limitações ao Poder de Tributar. In: FERRAZ, Roberto (coord). *Princípios e Limites da Tributação*. São Paulo: Quartier Latin, 2005, p. 433.

O preâmbulo da Constituição da República Federativa do Brasil de 1988 destaca a instituição, pela Assembléia Nacional Constituinte, de um Estado Democrático destinado a assegurar o exercício dos direitos sociais e individuais, a liberdade, a segurança, o bem-estar, o desenvolvimento, a igualdade e a justiça como valores supremos de uma sociedade fraterna, pluralista e sem preconceitos, fundada na harmonia social.[18] Note-se que o texto já inicia utilizando-se da expressão "assegurar", revelando bem para o que vem a ordem constitucional, seguindo-se, então, a referência expressa à segurança e à justiça como valores supremos da sociedade brasileira.

Cuidando-se de valores igualmente fundamentais, aliás, valores "supremos" nos termos do preâmbulo, e assumindo eles, no plano deôntico, a condição de princípios, cabe ao legislador, primeiramente, ponderá-los com razoabilidade de modo a indicar a conduta devida[19] e, num

---

[18] CRFB de 1988: "PREÂMBULO. Nós, representantes do povo brasileiro, reunidos em Assembléia Nacional Constituinte para instituir um Estado Democrático, destinado a assegurar o exercício dos direitos sociais e individuais, a liberdade, a segurança, o bem-estar, o desenvolvimento, a igualdade e a justiça como valores supremos de uma sociedade fraterna, pluralista e sem preconceitos, fundada na harmonia social e comprometida, na ordem interna e internacional, com a solução pacífica das controvérsias, promulgamos, sob a proteção de Deus, a seguinte CONSTITUIÇÃO DA REPÚBLICA FEDERATIVA DO BRASIL."

[19] LUÍS AFONSO HECK discorre sobre como o Tribunal Constitucional Federal alemão trata com a tensão entre a certeza e a justiça: "1. PRECEITO DA CERTEZA JURÍDICA E PRECEITO DA JUSTIÇA: RELAÇÃO TEÓRICA E RELAÇÃO PRÁTICA Freqüentemente o preceito da certeza jurídica situa-se em conflito com a exigência de Justiça material. É, em primeiro lugar, tarefa do legislador avaliar o peso que lhes cabe no caso a ser regulado e decidir a qual dos dois preceitos deve ser dada a prioridade. Se isso ocorre sem arbitrariedade, então a decisão legislativa não pode ser objetada por razões constitucionais. A relação conceitual entre a certeza jurídica e a Justiça foi compreendida de formas diversas. O Tribunal Constitucional Federal filiou-se cedo à concepção de G. Radbruch: 'O conflito entre a Justiça e a certeza jurídica poderia ser resolvido no sentido que o direito positivo, assegurado por meio de estatuto e poder, também tenha a primazia quando é injusto e impróprio quanto ao conteúdo, a não ser que a contradição entre a lei positiva e a Justiça alcance uma medida tão insuportável que a lei, como 'direito incorreto', tenha de ceder à Justiça.' Por isso, o tribunal Constitucional Federal sempre acentuou que a certeza jurídica e a Justiça podem estar em conflito, limitando-se a examinar a decisão legislativa sob o aspecto da arbitrariedade. No tocante à prática, a solução, dada pelo Tribunal Constitucional Federal, do conflito entre a certeza jurídica e a Justiça material, por meio da avaliação confrontadora de ambos, corresponde à antiga idéia aristotélica da compensação: a Justiça distributiva deve procurar medir mérito, produção e

segundo momento, aos aplicadores do Direito considerá-los atribuindo preponderância a um ou a outro conforme as circunstâncias de cada caso concreto, e não simplesmente excluindo qualquer que seja.[20]

Humberto Bergmann Ávila destaca, com suporte em Bydlinski, que é justamente essa estrutura de princípios jurídicos que afasta a antinomia por vezes aparente:

> [...] a segurança jurídica não deve ser descrita em 'oposição' ao princípio da igualdade ou da justiça individual, mas, muito pelo contrário, como uma 'conciliação' necessária. BYDLINSKI registra pertinentemente: 'Se, porém, uma vez se reconhece que princípios jurídicos são de natureza estrutural distinta da de regras jurídicas, a saber que elas não são ordens acabadas, mas no fundo tendências normativas, a antinomia desaparece: tendências de valores são grandezas graduáveis.[21]

Cabe-nos, pois, considerar tanto a justiça como a segurança na aplicação do direito, sem subordinar, *a priori*, nenhum destes valores ou outro.

3. A segurança do movimento

A segurança jurídica se insere na perspectiva de algo que é mutável. As relações sociais são dinâmicas, assim como o Direito que as rege, o qual disciplina a sua própria produção, renova-se, adapta-se às novas realidades, exige novas condutas, impõe novos requisitos de fundo e de forma para a prática de atos jurídicos, atribui novos efeitos às diversas situações, enfim, traz normas novas em substituição às antigas.

Paulo de Barros Carvalho refere-se ao cânone da segurança jurídica como:

---

dignidade. Essa compreensão da Justiça permite, exatamente no caso concreto, uma aplicação jurídica individuante." (HECK, Luís Afonso. *O Tribunal Constitucional Federal e o Desenvolvimento dos Princípios Constitucionais: contributo para uma compreensão da Jurisdição Constitucional Federal Alemã*. Porto Alegre: Fabris, 1995, p. 194/195)

[20] ROQUE ANTONIO CARRAZA, cuidando das presunções, ficções e indícios em matéria tributária, afirme que "O afã de evitar que os mais espertos se furtem ao pagamento dos tributos absolutamente não autoriza a utilização do arbítrio", sendo que "a busca da justiça não prevalece sobre a segurança jurídica, que o princípio da tipicidade fechada confere aos contribuintes". (*Curso...*, p. 424)

[21] ÁVILA, Humberto Bergmann. *Sistema...*, p. 297.

[...] dirigido à implantação de um valor específico, qual seja o de coordenar o fluxo das interações inter-humanas, no sentido de propagar no seio da comunidade social o sentimento de previsibilidade quanto aos efeitos jurídicos da regulação da conduta. Tal sentimento tranqüiliza os cidadãos, abrindo espaço para o planejamento de ações futuras, cuja disciplina jurídica conhecem, confiantes que estão no modo pelo qual a aplicação das normas do direito se realiza. Concomitantemente, a certeza do tratamento normativo dos fatos já consumados, dos direitos adquiridos e da força da coisa julgada, lhes dá a garantia do passado. Essa bidirecionalidade passado/futuro é fundamental para que se estabeleça o clima de segurança das relações jurídicas [...] [22]

A própria produção jurídica e o tráfego jurídico, pois, exigem a "segurança do movimento", conforme a lição, mais um vez, de Cármen Lúcia Antunes Rocha que afirma: ".. a segurança não é imutabilidade, pois esta é própria da morte. A vida, esta, rege-se pelo movimento, que é próprio de tudo que vive. A sociedade, como o direito que nela e para ela se cria, é movível. O que se busca é a segurança do movimento".[23]

O Direito que vem para a afirmação da justiça e da segurança deve, ele próprio, ensejar sua renovação e relações seguras.[24]

A questão da segurança jurídica põe-se, assim, principalmente, em face da sucessão de leis e de atos normativos, regrando diferentemente as mesmas matérias e tocando, pois, as expectativas, a confiança e os direitos já constituídos dos titulares de determinadas posições jurídicas.

Em se tratando da instituição de novos tributos, a gravar situações (atos ou fatos) que antes não eram considerados como geradores de obrigações tributárias, ou mesmo de majoração de tributos já instituídos, aumentando o ônus para o contribuinte, tem-se, a par do questio-

---

[22] CARVALHO, Paulo de Barros. *Curso de Direito Tributário*. 14ª ed. São Paulo: Saraiva, 2002, p. 146.

[23] ROCHA, Cármen Lúcia Antunes. Coord. *Constituição e Segurança Jurídica: Direito Adquirido, Ato Jurídico Perfeito e Coisa Julgada*. Belo Horizonte: Fórum, 2004, p. 168.

[24] O Direito regula a sua própria produção, podendo-se falar, até mesmo, em autoprodução – *Selbsterzeugung* –. E impõe-se que seja preservada a segurança quando da sua renovação, tanto a segurança quanto à certeza das novas normas como a segurança relativamente às situações jurídicas já constituídas sob a égide da legislação anterior.

namento sobre completitude das normas, que diz respeito à certeza quanto ao seu conteúdo, o questionamento quanto a qual é o dispositivo legal aplicável a cada caso dentre aqueles que se sucedem no tempo. As questões atinentes à segurança jurídica envolvem, pois, em larga medida, problemas de Direito Intertemporal.

Afirmada a segurança como valor e colocada numa perspectiva dinâmica da vida e do Direito, cabe-nos verificar de que modo o valor segurança se concretiza e se expressa pelo princípio da segurança jurídica,[25] investigando como este se revela no ordenamento jurídico e qual o seu conteúdo normativo. Enfim, impende que se analise qual a significação da segurança jurídica no nosso ordenamento jurídico e quais as condutas que impõe.[26]

4. A segurança jurídica como princípio constitucional implícito

A Constituição da República Federativa do Brasil de 1988 garante a inviolabilidade do direito à segurança: "Art. 5º Todos são iguais perante a lei, sem distinção de qualquer natureza, garantindo-se aos brasileiros e aos estrangeiros residentes no País a inviolabilidade do direito à vida, à liberdade, à igualdade, à segurança e à propriedade [...]"

Mas não proclama o princípio da segurança jurídica de modo expresso no texto constitucional.[27]

---

[25] TORRES, Ricardo Lobo. *Tratado de Direito Constitucional Financeiro e Tributário*. Vol. II: Valores e Princípios Constitucionais Tributários. Rio de Janeiro: Renovar, 2005, p. 195 e 197: "Os princípios, de menor generalidade e abstração que os valores, podem ingressar no discurso constitucional, representando um primeiro estágio de concretização dos valores. [...] Os valores se concretizam, se atualizam e se expressam pelos princípios."

[26] "[...] uma coisa é o valor segurança jurídica, sobre o qual, até aqui, discorremos; outra é qualificar exatamente em que consiste o princípio de segurança jurídica. Parece ser bem clara, à partida, a diferença entre um valor e seu princípio respectivo, noções que não podem negligenciadas, restando, aqui, apenas pressupostas." (KNIJNIK, Danilo. O Princípio da Segurança Jurídica no Direito Administrativo e Constitucional. *Revista do Ministério Público do Rio Grande do Sul* nº 35/205, 1995, p. 218).

[27] HUMBERTO BERGMANN ÁVILA classifica o princípio da segurança jurídica, quanto à forma, "como uma limitação implícita, embora alguns o vejam expressamente na Constituição (art. 5º, *caput*)" (*Sistema...*, p. 295)

Danilo Knijnik esclarece:

[...] a "segurança jurídica", enquanto princípio jurídico, não se confunde com a segurança expressamente referida na Carta Imperial[28] e na vigente.[29] Na verdade, a segurança jurídica, enquanto tal, permeia todo o texto constitucional, não estando aprisionada em sua inteireza por quaisquer de seus artigos ou declarações. É-lhe, ao contrário, inerente.[30]

Paulo de Barros Carvalho destaca que a segurança jurídica é inferida a partir dos demais princípios proclamados, pela racionalidade instaurada, pela tessitura do todo:

A segurança jurídica é, por excelência, um sobreprincípio. Não temos notícia de que algum ordenamento a contenha como regra explícita. Efetiva-se pela atuação de princípios, tais como o da legalidade, da anterioridade, da igualdade, da irretroatividade, da universalidade da jurisdição e outros mais. Isso, contudo, em termos de concepção estática, de análise das normas enquanto tais, de avaliação de um sistema normativo sem considerarmos sua projeção sobre o meio social. Se nos detivermos num direito positivo, historicamente dado, e isolarmos o conjunto de suas normas (tanto as somente válidas, como também as vigentes), indagando dos teores de sua racionalidade; do nível de congruência e harmonia que as proposições apresentam; dos vínculos de coordenação e de subordinação que armam os vários patamares da ordem posta; da rede de relações sintáticas e semânticas que respondem pela tessitura do todo; então será possível emitirmos um juízo de realidade que conclua pela existência do primado da segurança, justamente porque neste ordenamento empírico estão cravados aqueles valores que operam para realizá-lo. Se a esse tipo de verificação cir-

---

[28] "Carta da Lei, de 25 de março de 1824. Manda observar a Constituição Política do Imperio oferecida e jurada por Sua Majestade o Imperador [...] Art. 179. A inviolabilidade dos Direitos Civis e Politicos dos Cidadãos Brazileiros, que tem por base a liberdade, a segurança individual e a propriedade, é garantida pela Constituição do Imperio, pela maneira seguinte [...]" (BRASIL. *Constituições do Brasil / compilação e atualização dos textos, notas revisão e índices*, Adriano Campanhole, Hilton Lobo Campanhole. 13ª ed. São Paulo: Atlas, 1999, p. 832) Obs: em tal dispositivo, eram enunciadas as garantias individuais.

[29] "Constituição da República Federativa do Brasil. Publicado no Diário Oficial da União nº 191-! De 5 de outubro e 1988 [...] TÍTULO II Dos Direitos e Garantias Fundamentais CAPÍTULO I DOS DIREITOS E DEVERES INDIVIDUAIS E COLETIVOS Art. 5º Todos são iguais perante a lei, sem distinção de qualquer natureza, garantindo-se aos brasileiros e aos estrangeiros residentes no País a inviolabilidade do direito à vida, à liberdade, à igualdade, à segurança e à propriedade, nos termos seguintes [...]" (BRASIL. *Constituições do Brasil / compilação e atualização dos textos, notas revisão e índices*, Adriano Campanhole, Hilton Lobo Campanhole. 13ª ed. São Paulo: Atlas, 1999, p. 16).

[30] KNIJNIK, Danilo. O Princípio da Segurança Jurídica no Direito Administrativo e Constitucional. *Revista do Ministério Público do Rio Grande do Sul* nº 35/205, 1995, p. 223.

cunscrevermos nosso interesse pelo sistema, mesmo que não identifiquemos a primazia daquela diretriz, não será difícil implantá-la. Bastaria instituir os valores que lhe servem de suporte, os princípios que, conjugados, formariam os fundamentos a partir dos quais se levanta. Vista por esse ângulo, difícil será encontrarmos uma ordem jurídico-normativa que não ostente o princípio da segurança. E se o setor especulativo é o do Direito Tributário, praticamente todos os países do mundo ocidental, ao reconhecerem aqueles vetores que se articulam axiologicamente, proclamam, na sua implicitude, essa diretriz suprema.[31]

Não sendo estabelecido de modo expresso, mas, de qualquer modo, revelando-se no texto constitucional, o princípio da segurança jurídica se apresenta como princípio constitucional implícito na CRFB.[32] [33]

Walter Claudius Rothenburg invoca Edilson Pereira de Farias para definir os princípios implícitos da seguinte forma:

> [...] embora tendo "respaldo no direito positivo a despeito de não constituírem normas explícitas" – dotados, portanto, de 'presencialidade" e "objetividade" normativa (1996:38) –, "não estão consagrados em nenhuma concreta disposição de norma, senão que se encontram implicitamente no interior da ordem jurídica de onde são recolhidos, através da arte de interpretar e aplicar as normas jurídicas" (1996:37-8).[34] [35]

Walter Claudius Rothenburg afirma, ainda, que os princípios "podem apresentar-se explícitos (com maior ni-

---

[31] CARVALHO, Paulo de Barros. *O Princípio da Segurança Jurídica*. Revista de Direito Tributário, v. 61, 1994, p. 86.

[32] RICARDO LOBO TORRES, *Tratado...*, vol. II, p. 171, cita FLÁVIO BAUER NOVELLI: "A segurança é direito fundamental, enquanto situação subjetiva protegida explicitamente pela Constituição [...] é evidente que a segurança que a Constituição protege não é só a segurança individual [...] É também, ou é até mesmo em primeiro lugar, a segurança do direito enquanto pressuposto e fundamento daquela outra."

[33] O princípio da segurança jurídica figura expressamente no art. 9º, 3, da Constituição espanhola: "Constitución Española [...] Artículo 9 [...] 3. La Constitución garantiza el principio de legalidad, la jerarquía normativa, la publicidad de las normas, la irretroactividad de las disposiciones sancionadoras no favorables o restrictivas de derechos individuales, *la seguridad jurídica*, la responsabilidad y la interdicción de la arbitrariedad de los poderes públicos." Disponível em http://www.tribunalconstitucional.es/CONSTITUCION.htm#c0. Acesso em: 18 de agosto de 2005.

[34] ROTHENBURG, Walter Claudius. *Princípios Constitucionais*. Porto Alegre: Fabris, 1999, p. 69.

[35] De outro lado, define os princípios suprapositivos ou extra-sistêmicos como aqueles "'que reivindicam sua origem fora e acima do direito positivo (não estatuídos por disposições normativas e nem destas extraídos por dedução ou indução)'" (ROTHENBURG, Walter Claudius, op. cit., p. 69)

tidez e segurança, embora então limitados pelas possibilidades da linguagem) ou implícitos, mas, numa formulação como na outra, exercendo idêntica importância sistêmica e axiológica", e cita Carlos Ari Sundfeld para dizer que "Os princípios implícitos são tão importantes quanto os explícitos; constituem, como estes verdadeiras normas jurídicas", de modo que "desconhecê-los é tão grave quanto desconsiderar quaisquer outros princípios".[36]

Neste ponto, aliás, Carlos Ari Sundfeld é, de fato, preciso:

> Fundamental notar que todos os princípios jurídicos inclusive os implícitos, têm sede direta no ordenamento jurídico. Não cabe ao jurista inventar os seus princípios isto é, aqueles que gostaria de ver consagrados; o que faz em relação aos princípios jurídicos implícitos, é sacá-los do ordenamento, não inseri-los nele.[37]

Valem, aqui, novamente, as lições de Walter Claudius Rothenburg:

> Ilustre-se com a jurisprudência do Conselho Constitucional francês, que se socorre da menção do texto constitucional (preâmbulo da Constituição francesa de 1946, ao qual se reporta a Constituição francesa em vigor de 1958) aos "princípios fundamentais reconhecidos pelas leis da República", isto é, princípios positivados ou implícitos, mas sempre de algum modo ligados a textos normativos, e nunca "transcendentes" ou livres fórmulas doutrinais. De maneira semelhante, nossa atual Constituição, no pródigo artigo 5º – que inaugura o Título II, "Dos direitos e garantias fundamentais" –, após enumerar longa série de "direitos", adverte, no parágrafo 2º, que esses "não excluem outros decorrentes do regime e dos princípios por ela (Constituição) adotados [...]", como a indicar que outros "direitos fundamentais" somente podem resultar de princípios contidos no sistema (ainda que não ostensivamente revelados). Trata-se de uma apreensão "integral" do fenômeno constitucional – conferindo novo significado à expressão "constituição em sentido material" (axiológico) –, ultrapassando uma visão de sistema fechado em prol de uma concepção "aberta", que admite a integração por outros "elementos" (sobremaneira os valores e sentimentos) além dos estritamente formais, bem como um intercâmbio entre eles (interagindo com os demais dados da realidade).[38]

Estando os princípios, expressos ou implícitos, embasados no próprio ordenamento jurídico positivo, consti-

---

[36] ROTHENBURG, Walter Claudius, op. cit., p. 54 e 57.

[37] SUNDFELD, Carlos Ari. *Fundamentos de Direito Público*. São Paulo: Malheiros, 1993, p. 143.

[38] ROTHENBURG, Walter Claudius, op. cit., p. 58.

tuem normas jurídicas integrantes do ordenamento e plenamente válidas, gozando, inclusive, da mesma eficácia, não havendo que se perquirir acerca de qualquer distinção no grau de imperatividade de princípios implícitos relativamente aos expressos. A lição é de Souto Maior Borges:

> O princípio implícito não difere senão formalmente do expresso. Têm ambos o mesmo grau de positividade. Não há positividade "forte" (a expressa) e outra "fraca" (a implícita). Um princípio implícito pode muito bem ter eficácia (= produzir efeitos) muito mais acentuada do que um princípio expresso.[39]

O princípio da segurança jurídica apresenta-se, em nosso sistema jurídico, como decorrência do princípio do Estado de Direito, restando concretizado em diversos dispositivos constitucionais através, principalmente, da projeção de direitos e garantias fundamentais, dentre os quais as de índole tributária, referidas constitucionalmente como limitações ao poder de tributar.

Nessa linha é que Humberto Bergmann Ávila afirma:

> O princípio da segurança jurídica é construído de duas formas. Em primeiro lugar, pela interpretação dedutiva do princípio maior do Estado de Direito (art. 1º). Em segundo lugar, pela interpretação indutiva de outras regras constitucionais, nomeadamente as de proteção do direito adquirido, do ato jurídico perfeito e da coisa julgada (art. 5º XXXVI) e das regras da legalidade (art. 5º, II, e art. 150, I), da irretroatividade (art. 150, III, a) e da anterioridade (art. 150, III, b).
>
> Em todas essas normas, a Constituição Federal dá uma nota de previsibilidade e de proteção de expectativas legitimamente constituídas e que, por isso mesmo, não podem ser frustradas pelo exercício da atividade estatal.[40]

O princípio do Estado de Direito nos trará, pois, por si só, uma referência de segurança, a qual, ademais, é qualificada relativamente a determinados aspectos pelos direitos e garantias expressamente previstos no texto constitucional no sentido de efetivá-la em grau até mesmo mais elevado do que aquele que se poderia simplesmente deduzir do sobreprincípio. Daí a importância de tais abordagens em tudo complementares e autoimplicadas.

---

[39] BORGES, Souto Maior. Princípio da Segurança Jurídica na Criação e Aplicação do Tributo, *RDT* nº 63. São Paulo: Malheiros, 1997, p. 207.
[40] ÁVILA, Humberto Bergmann. *Sistema...*, p. 295.

5. O princípio da segurança jurídica como decorrência do sobreprincípio do Estado de Direito

Knijnik destaca que, mesmo nos Estados totalitários, ainda que não se tivesse garantia de segurança nas relações de subordinação, pois inexistiam efetivos limites jurídicos antepostos à atuação estatal, a segurança das relações privadas já era visível nas relações de coordenação (regulação jurídico-privada por parte do Estado).[41]

Com a submissão do poder político à lei e, posteriormente, à Constituição, de modo a garantir o seu exercício sem arbítrio, em conformidade com a vontade popular, como instrumento e em benefício da sociedade,[42] tem-se a extensão desta idéia de segurança também às relações com o Estado, traduzida na idéia de Estado de Direito, nas suas diversas concepções, ou na noção de supremacia do Direito.

Segundo Cezar Saldanha Souza Junior,[43] a locução "Estado de Direito" constitui neologismo inventado pelo alemão de pseudônimo Placidus, em 1798. Manoel Gonçalves Ferreira Filho[44] entende que foi cunhada na Alemanha por Welcker, o qual, em livro publicado em 1813, distinguiu três tipos de governo: despotismo, teocracia e *Rechstaat*.

Jorge Reis Novaes destaca a disseminação de vários modelos de vedação da arbitrariedade e da proteção aos direitos individuais na Europa no Século XIX, os quais incorporavam traços da noção de Estado de Direito:

> [...] o Estado de Direito surge como um indirizzo político ou um conceito de luta política característico dos movimentos e das idéias prevalecentes no século XIX.

---

[41] KNIJNIK, Danilo. *O Princípio da Segurança Jurídica...* Op. cit, p. 205.

[42] Já na Carta Magna, de 1215, se pode vislumbrar, de certa forma, a proclamação da supremacia do Direito, na medida em que declarou restabelecer a *law of the land*, de raiz costumeira imemorial. Era o chamado *rule of law*, antecedente direto e imediato do Estado de Direito. (FERREIRA FILHO, Manoel Gonçalves. Estado de Direito e Constituição, 2ª edição. São Paulo: Saraiva, 1999, p. 9/10).

[43] SOUZA JUNIOR, Cezar Saldanha. *A Supremacia do Direito no Estado Democrático e seus Modelos Básicos*. Porto Alegre: C.S. Souza Junior, 2002, p. 95.

[44] FERREIRA FILHO, Manoel Gonçalves. *Estado de Direito e Constituição*. 2ª edição. São Paulo: Saraiva, 1999, p. 5.

Neste sentido, não poderá ser pacífica a freqüente pretensão de considerar o Estado de Direito como fórmula e idéia especificamente alemãs. [...]

Se bem que reconhecendo a contribuição decisiva da publicística alemã, não nos parece que se possa, de facto, considerar o Estado de Direito como uma 'ideia alemã' ou mesmo como tendo 'um certo sentido especificamente alemão'. Desde logo porque – como procuraremos salientar – não nos parece que haja uma concepção alemã do 'Rechtsstaat', mas antes várias e por vezes contraditórias propostas feitas por autores alemães; [...] são bem distantes [...] as teorias do 'Rechtsstaat' de um Mohl, um Stahl ou um Stein. Além do que, e sobretudo, encontramos os mesmos traços esenciais que se destacam na doutrina do 'Rechtsstaat' originário – a racionalização do Estado com vista à protecção dos direitos e realização do indivíduo – nas idéias que, sob fórmulas diferentes, se generalizaram na Europa e América do século XIX.

Com efeito, exprimindo o mesmo projecto de fundo, encontramos expressões como o Estado Constitucional na França e nos Estados Unidos, a *rule of law* britânica, o *representative government* anglo-saxónico, o *government under law* americano, a *primauté du droit* ou *règne de la loi* francesas. Naturalmente, uma tão grande diversidade de fórmulas incluirá diferentes perspectivas de enfoque do problema e cada uma delas salientará este ou aquele aspecto particular dentro das características que, no seu conjunto, constituem a idéia de Estado de Direito. Porém, dada a dificuldade em determinar com rigor as diferenças ente os vários conceitos e perante a reconhecida pluralidade de sentidos que cada um deles tem assumido, não nos parece abusiva a generalização da fórmula Estado de Direito, nem a utilização, por vezes indiscriminada, das diferentes expressões, desde que reportadas à mesma idéia de fundo: a racionalização do Estado operada mediante uma limitação jurídica dirigida à eliminação do arbitrário e à protecção de uma esfera indisponível de autonomia individual.[45]

Importa notar que, até o último quarto do segundo milênio, ainda predominava, na Europa continental, uma relação de sujeição da sociedade civil ao Estado. Tal situação, já prolongada, acabou por suscitar a pretensão, por parte da sociedade civil, de limitação dos poderes do Estado, de modo a que restassem resguardadas certas esferas especialmente importantes, como a liberdade e a propriedade, tornando-as só passíveis de ingerência mediante consentimento, ganhando espaço, então, a noção de reserva legal.

Os movimentos revolucionários liberais culminaram, em França, com a Declaração dos Direitos do Homem e do

---

[45] *Contributo para uma Teoria do Estado de Direito; do Estado de Direito liberal ao Estado social e democrático de direito.* Coimbra, 1987, p. 37/39.

Cidadão, em 26 de agosto de 1776. Mas o chamado Estado Legal apresentava, ainda, feição predominantemente formal, na medida em que a lei acabava por servir de instrumento ao próprio poder político, resultando, pois, não raramente, em absolutismo.

Tampouco o constitucionalismo logrou, de pronto, submeter o Estado ao Direito, na medida em que não havia mecanismos eficientes de controle do exercício do poder. De fato, mesmo com o constitucionalismo, durante muito tempo ainda se viram as supostas garantias contra o Estado reduzidas a uma concepção formal de adstrição a documentos que, em verdade, eram passíveis de disposição pelo próprio poder político sem qualquer possibilidade de controle por parte da sociedade. Na Europa continental, aliás, perdurou a consideração da Constituição como Carta Política, com normas predominantemente programáticas, sem a possibilidade de controle posterior de constitucionalidade das leis.

Apenas quando, a par de se obter a promulgação de constituições consagrando a separação dos Poderes e formulando a enunciação de direitos fundamentais, se pôde afirmar o seu caráter normativo através do controle de constitucionalidade, é que se viabilizou o amadurecimento da supremacia do Direito.

Nesta linha, o marco realmente fundamental na evolução da noção de Estado de Direito ocorreu na América. Proclamada a Declaração de Independência dos Estados Unidos da América em 4 de julho de 1776, foi promulgada, pouco mais de uma década depois, a Constituição dos Estados Unidos da América, de 4 de março de 1789, sendo que já em 1803 a Suprema Corte Americana, conduzida pelo *Chief Justice* Marshall, deu origem ao *judicial review*, afirmando a possibilidade do controle de validade das leis pelo Judiciário, tendo como critério o texto constitucional, ou seja, admitiu o reconhecimento da inconstitucionalidades das leis. Tal ocorreu quando do julgamento do caso *Marbury v. Madison*. Nele restou afirmado o caráter normativo da Constituição, obrigando a todos, incluindo o próprio legislador e os juízes, cabendo a estes, sob o juramento de fazer cumprir a Constituição, aplicá-la, em detrimento da lei, quando entre seus textos houvesse conflito.[46]

Na Europa continental, o controle de constitucionalidade só se afirmou após a Segunda Guerra, sendo realizado pelos Tribunais Constitucionais. Enterria sublinha esta tardia adesão da Europa continental ao controle de Constitucionalidade, concedendo o seu mérito a Kelsen:

> Es sorprendente que esta concepción (que el juez Marshall declaró en su sentencia que era el principio que debía suponerse esencial en todas las Constituciones escritas, que una Ley que repugna a la Constitución es nula: 'the principle supposed to be essencial do all written constitutions, that a law repugnant to the constitution is void') no penetrase en Europa, donde tanto influyó da Revolución americana. La explicación es sencilla. La idea de Constitución que manejam los revolucionarios franceses no es muy distinta de la que manejam los constituyentes norteamericanos, y así luce, por ejemplo, en el texto básico de la Declaración de Derechos del Hombre y del Ciudadano de 1789. Pero esa doctrina de la Constitución como fundamental law, como Derecho que puede exigir justificaciones a la legislación ordinaria y en cuanto superior a ésta hacer nula la que le sea contraria, va a perecer en Europa a raiz de la Restauración que subsigue a la aventura napoleónica, por los ataques concentrados de la derecha y de la izquierda. [...] La recepción en Europa de la doctrina americana del controle judicial de las Leyes va a ser, por tanto, muy tardía, concretamente em la primera posguerra de este siglo, em 1919-1920, y va a ser la obra personal, como antes advertí, de un jurista genial, Hans Kelsen. Estructuralmente el sistema kelseniano introduce un cambio básico, que es concretar la jurisdicción de control de constitucionalidad de las leyes en un solo Tribunal y no, como es el sistema americano genuino, en todos los Tribunales, si bien esta pluralidad de fuentes de decisión sobre la constitucionalidad de las leyes se ordene sobre el principio stare decisis, que vincula todos los Tribunales a la jurisprudência de la Corte

---

[46] SUPREMA CORTE AMERICANA. *Marbury v. Madison*. Vejamos excerto da decisão da Suprema Corte Americana, reproduzido na obra *The Supreme Court and the Constitution/Readings in American Constitutional History*, Third Edition, 1984, edited by Stanley I. Kutler, W. W Norton & Company, Inc, p. 25ss: "It is, emphatically, the province and duty of the judicial department, to say what the law is. Those who apply the rule to particular cases, must of necessity expound and interpret that rule. If two laws conflict with each other, the courts must decide on the operation of each. So, if a law be in opposition to the constitution; if both the law and the constitution apply to a particular case, so that the court must either decide that case, conformable to the law, dirregardigng the constitution; or conformable to the constitution, disregarding the law; the court must determine which of these conflicting rules governs the case: this is of the very essence of judicial duty. If then, the courts are to regard the constitution, and the constitution is superior to any ordinary act of the legislature, the constitution, and not such ordinary act, must govern the case to which they both apply."

Suprema. La fórmula Kelseniana consagra así lo que se ha llamado un sistema de jurisdicción concentrada frente al sistema de jurisdicción difusa, proprio del constitucionalismo americano.[47]

Com o constitucionalismo e a incorporação da idéia de que a Constituição vincula a todos, inclusive aos próprios poderes do Estado, viabilizando-se o controle de constitucionalidade da própria lei, não apenas se deu consistência à noção de Estado de Direito como se passou ao desenvolvimento da idéia de Estado de Constituição – *Verfassungsstaat* –.[48] O princípio da legalidade deu lugar ao princípio maior da constitucionalidade, dependendo da preservação deste o respeito ao Estado de Direito.[49]

A supremacia do Direito é tomada, atualmente, pois, como supremacia da Constituição.[50]

---

[47] ENTERRÍA, Eduardo Garcia de. *La Constitucion como Norma Y el Tribunal Constitucional*. Madrid: Civitas, 3ª edición, 1983; reimpresión, 1994, p. 131.

[48] "O ideal de *Rechtsstaat* viveu, até o colapso de Weimar, o drama da dificuldade de institucionalizar, numa ordem democrática, a supremacia de um direito de supralegalidade, como uma instância crítica de juridicidade, superior à atividade concreta do Juiz e à atividade abstrata do Legislador, bem assim às ações de Administração e do governo. A República de Weimar lançou as bases do empreendimento: instituiu o princípio democrático; separou o âmbito das atividades de Estado, de governo e de Administração, que se concentravam no velho princípio executivista monárquico, atribuindo-as a órgãos constitucionais separados; ensaiou, no país, os primeiros passos de um controle de constitucionalidade; pensou em criar um órgão de guarda da Constituição. Entretanto, a solução institucional definitiva só veio em Bonn, com a Lei Fundamental de 1949: fundava-se o modelo do *Verfassungstaat*, ou seja, o *Rechtsstaat* plenamente institucionalizado. Assentou-se um novo órgão, o Tribunal Constitucional, verdadeiro fecho da abóbada institucional, no nível mais elevado dos fins últimos do Estado, em que a política e a ética se abraçam, pela mediação dos valores (supremos) do direito." (SOUZA JUNIOR, Cezar Saldanha. *A Supremacia do Direito no Estado Democrático e seus Modelos Básicos*. Porto Alegre: C.S. Souza Junior, 2002, P. 185)

[49] No Estado de Direito, resta rechaçada a possibilidade de invocação de razões que não as passíveis de amparo constitucional, bem como o exercício do poder sem conformidade material e formal com o texto constitucional.

[50] "As regras constitucionais são dotadas de uma superioridade evidente com respeito às demais normas jurídicas da coletividade estatal. Essa graduação das normas jurídicas se justifica a contento, a fim de melhor manter a estabilidade do grupo político, criando-se os elementos basilares de sua constituição, da qual dependem os fundamentos do direito público e privado. À essa eminência das normas constitucionais, Barthélemy-Duez e Hauriou designam pelo termo 'supremacia da constituição', a que se refere igualmente McBain pelo vocábulo 'superioridade da constituição', ou ainda Corwin ao falar de um 'higher law background' do direito constitucional americado, conceituação essa adotada pela maioria dos publicistas modernos. Todas as constituições apresentam-se com essa supremacia diante da vida do país, ou do ordenamento jurídico, sejam elas

Na medida em que o *Estado de Direito* se apresenta, assim, como um modelo de supremacia do Direito a exigir a realização de certos valores, como o respeito aos direitos fundamentais pelos próprios indivíduos[51][52] e pelo Estado e a vedação da arbitrariedade, bem como a pressupor determinadas garantias institucionais, como a separação dos Poderes e o acesso ao Judiciário, *apresenta-se como sobreprincípio*, assim entendido o *princípio do qual se pode extrair outros princípios decorrentes*[53] que concorrem para a realização do valor maior naquele consubstanciado, mas que guardam, cada um, sua esfera de autonomia normativa.[54]

A Constituição da República Federativa do Brasil de 1988 – CRFB –, já no seu art. 1º, ao inaugurar o Título I (Dos Princípios Fundamentais), enuncia:

Art. 1º *A República Federativa do Brasil*, formada pela união indissolúvel dos Estados e Municípios e do Distrito Federal, *constitui-se em Estado Democrático*

---

costumeiras ou rígidas. Em uma linguagem precisa, assim entendem os mesmos Barthélemy e Duez: 'La constitution, qu'elle soit coutumière ou écrite, qu'elle soit souple ou rigide, tire, tout d'abord, de son contenu même, une certaine suprématie'." (FERREIRA, Pinto. Da Constituição. Recife: Tese de concurso apresentada à docência-livre de Direito Constitucional na Faculdade de direito da Universidade do Recife, 1946)

[51] "Para além de vincularem todos os poderes públicos, os direitos fundamentais exercem sua eficácia vinculante também na esfera jurídico-privada, isto é, no âmbito das relações jurídicas entre particulares. Esta temática, por sua vez, tem sido versada principalmente sob os títulos eficácia privada, eficácia externa (ou eficácia em relação a terceiros) ou horizontal dos direitos fundamentais [...] a liberdade individual não apenas carece de proteção contra os poderes públicos, mas também contra os mais fortes no âmbito da sociedade, isto é, os detentores de poder social e econômico, já que é nesta esfera que as liberdades se encontram particularmente ameaçadas. É neste contexto que assume relevo a assim denominada (e já analisada) perspectiva (ou dimensão) jurídico-objetiva dos direitos fundamentais, de acordo com a qual estes exprimem determinados valores que o Estado não apenas deve respeitar, mas também promover e zelar pelo seu respeito, mediante uma postura ativa, sendo, portanto, devedor de uma proteção global aos direitos fundamentais." (SARLET, Ingo Wolfgang. *A Eficácia dos Direitos Fundamentais*. 5ª ed. Porto Alegre: Livraria do Advogado, 2005, p. 373/374)

[52] Assim também Vieira de Andrade, *Os Direitos Fundamentais na Constituição Portuguesa de 1976*, Coimbra: Livraria Almedina, 1987.

[53] Sem prejuízo de estes princípios decorrentes, como o da segurança jurídica, também virem, por sua vez, a assumir a feição de sobreprincípios, implicando o surgimento de vários outros princípios que realizem o seu valor específico, otimizando a sua concretização.

[54] Sobre a definição de sobreprincípio, vide, também, *infra*, PAULO DE BARROS CARVALHO no item 14 (Cap. 3º).

de Direito e tem como fundamentos: I – a soberania; II – a cidadania; III – a dignidade da pessoa humana; IV – os valores sociais do trabalho e da livre iniciativa; V – o pluralismo político. Parágrafo único. Todo o poder emana do povo, que o exerce por meio de representantes eleitos ou diretamente, nos termos desta Constituição. (grifo nosso)

Temos, neste preceito, a enunciação do princípio do Estado Democrático de Direito, que, assim, é positivado como princípio fundamental da República Federativa do Brasil.

Os princípios decorrentes do sobreprincípio do Estado de Direito podem ser expressos ou implícitos.

O princípio da segurança jurídica decorre implicitamente do sobreprincípio do Estado de Direito, tendo em conta o resguardo que este implica à esfera individual no sentido de garantir o reconhecimento de qual seja o direito válido, de proteger a liberdade, de imunizar contra a arbitrariedade e de assegurar o acesso ao Judiciário, dentre outros tantos direitos e garantias já arrolados.

O Ministro Gilmar Ferreira Mendes afirma que "a segurança jurídica, como subprincípio do Estado de Direito, assume valor ímpar no sistema jurídico, cabendo-lhe papel diferenciado na realização da própria idéia de justiça material".[55]

Também José Joaquim Gomes Canotilho aponta o princípio da segurança jurídica como elemento constitutivo do Estado de Direito, ressaltando que "[...] desde cedo se consideravam os princípios da *segurança jurídica e da protecção da confiança como elementos constitutivos do Estado de Direito*".[56]

Luís Afonso Heck destaca a proibição de leis retroativas, a certeza jurídica e a proteção à confiança como elementos essenciais do Estado de Direito:

> *Do Princípio do Estado de Direito mesmo deixam-se desenvolver preceitos jurídicos*, como, v.g., a proibição de leis retroativas onerosas, o preceito da proporcionalidade, a solução da relação tensa entre certeza jurídica e Justiça no caso

---

[55] BRASIL. STF. Decisão do Min. Gilmar Ferreira Mendes na Pet(MC) 2.900-RS, abr/2003.
[56] CANOTILHO, J. J. Gomes. *Direito Constitucional e Teoria da Constituição*. Portugal:Coimbra: Almedina, 1998, p. 250.

concreto e o preceito da mais completa proteção jurídica. [...] *Tanto o preceito da certeza jurídica como o preceito da proteção à confiança são partes constitutivas essenciais e, portanto, elementos essenciais do Princípio do Estado de Direito. Ambos têm índole constitucional e, assim, servem de critério normativo.*[57]

Outra não é a lição de Douglas Yamashita, invocando Klaus Stern:

> Segundo o renomado constitucionalista alemão Prof. Dr. Klaus Stern, por força do Princípio do Estado de Direito: "o exercício do poder partilhado somente é permitido com fundamento em uma Constituição garantidora dos direitos fundamentais e em leis formal e materialmente constitucionais a fim de assegurar dignidade humana, liberdade, justiça e segurança jurídica".[58]

A CRFB não apenas proclama, em seu art. 1º, constituir-se a República Federativa do Brasil em Estado Democrático de Direito, como especifica, ao longo do seu texto, inúmeros princípios e regras decorrentes, restando o princípio da segurança jurídica bastante evidente a partir de tais normas mas, ainda assim, de modo implícito.[59][60]

---

[57] HECK, Luís Afonso. *O Tribunal Constitucional Federal ...* Op. cit., p. 176 e 186.

[58] DOUGLAS YAMASHITA. *Limitações Constitucionais ao Poder de Tributar.* In: AMARAL, Antonio Carlos Rodrigues do. *Curso de Direito Tributário.* São Paulo: Celso Bastos Editor, 2002, p. 68.

[59] Cuidando da Lei Fundamental alemã, LUÍS AFONSO HECK adverte que o princípio do Estado de Direito carece mesmo de concretização, sendo certo, ainda, que há uma série de determinações constitucionais que cumprem tal objetivo: "O Princípio do Estado de Direito, em vista de sua latitude e indeterminação, não encerra – na medida em que não está moldado e especificado para uma determinada matéria em frases isoladas da Constituição escrita –, em todos os detalhes, mandamentos ou proibições univocamente determinados, de categoria constitucional, senão é um preceito constitucional que carece de concretização, consoante com os dados objetivos. [...] Há uma série de determinações constitucionais, que, para o seu âmbito de aplicação, apresentam uma concretização do Princípio do Estado de Direito, cuja validez não está limitada a determinados setores jurídicos." (HECK, Luís Afonso. *O Tribunal Constitucional Federal e o Desenvolvimento dos Princípios Constitucionais: contributo para uma compreensão da Jurisdição Constitucional Federal Alemã.* Porto Alegre: Fabris, 1995, p. 175.)

[60] FIGUEIREDO, Lúcia Valle. Princípios de Proteção ao Contribuinte: Princípio de Segurança Jurídica. In *Cadernos de direito Tributário* nº 47, jan/mar 1989: "A segurança jurídica, como assinalado, valor supremo do Estado de Direito, viu-se prestigiada e sobremodo. Viu-se prestigiada, sobretudo, pela reafirmação dos princípios da legalidade, da irretroatividade, da coisa julgada, da possibilidade de exame pelo judiciário de toda e qualquer ameaça ou lesão a direito. Pela garantia do processo administrativo cercado das mesmas garantias do processo judiciário."

Em seu artigo 2º, a CRFB consagra a separação dos Poderes[61] e, no art. 5º, estabelece rol de direitos e garantias individuais, assegurando a todos igualdade, liberdade, segurança e propriedade, sendo que ninguém será obrigado a fazer ou deixar de fazer senão por força de lei.[62] Estabelece, ainda, no art. 37, a observância, pela Administração Pública, dos princípios da legalidade, da impessoalidade, da moralidade, da publicidade e da eficiência.[63] Condiciona a produção legislativa e o próprio processo de emenda constitucional, excluindo a possibilidade de emenda tendente a abolir a forma federativa de Estado, o voto direto, secreto, universal e periódico, a separação dos Poderes e os direitos e garantias individuais.[64] Quando autoriza a edição de medidas provisórias pelo Presidente da República, em situações de urgência e relevância, determina a submissão imediata ao Congresso Nacional.[65] Determina, ainda, a submissão da função executiva à lei, estabelecendo a competência privativa do Presidente da República de expedir decretos e regulamentos "para a sua

---

[61] Art. 2º São Poderes da União, independentes e harmônicos entre si, o Legislativo, o Executivo e o Judiciário.

[62] TÍTULO II Dos Direitos e Garantias Fundamentais CAPÍTULO I DOS DIREITOS E DEVERES INDIVIDUAIS E COLETIVOS Art. 5º Todos são iguais perante a lei, sem distinção de qualquer natureza, garantindo-se aos brasileiros e aos estrangeiros residentes no País a inviolabilidade do direito à vida, à liberdade, à igualdade, à segurança e à propriedade, nos termos seguintes: [...] II – ninguém será obrigado a fazer ou deixar de fazer alguma coisa senão em virtude de lei.

[63] CAPÍTULO VII – DA ADMINISTRAÇÃO PÚBLICA. Seção I – DISPOSIÇÕES GERAIS. Art. 37. A administração pública direta, indireta ou fundacional, de qualquer dos Poderes da União, dos Estados, do Distrito Federal e dos Municípios obedecerá aos princípios de legalidade, impessoalidade, moralidade, publicidade e, também, ao seguinte: *Redação dada pela Emenda Constitucional nº 19, de 04/06/98:* "Art. 37. A administração pública direta e indireta de qualquer dos Poderes da União, dos Estados, do Distrito Federal e dos Municípios obedecerá aos princípios de legalidade, impessoalidade, moralidade, publicidade e eficiência e, também, ao seguinte:"

[64] Subseção II – Da Emenda à Constituição. Art. 60. A Constituição poderá ser emendada mediante proposta: § 4º – Não será objeto de deliberação a proposta de emenda tendente a abolir: I – a forma federativa de Estado; II – o voto direto, secreto, universal e periódico; III – a separação dos Poderes; IV – os direitos e garantias individuais. ...

[65] Redação dada pela Emenda Constitucional nº 32, de 11/9/2001: "Art. 62. Em caso de relevância e urgência, o Presidente da República poderá adotar medidas provisórias, com força de lei, devendo submetê-las de imediato ao Congresso Nacional."

fiel execução".⁶⁶ Em seu art. 102,, inciso I, *a*, e parágrafo único, estabelece o papel do STF de guardar a Constituição, prevendo a sua competência para o julgamento de ações diretas de inconstitucionalidade e de constitucionalidade, bem como da argüição de descumprimento de preceito fundamental.⁶⁷ No art. 150, por sua vez, estabelece a legalidade tributária, a isonomia, a irretroatividade, as anterioridades de exercício e nonagesimal mínima, bem como a vedação do confisco.⁶⁸

Humberto Bergmann Ávila também destaca tais desdobramentos explícitos:

> A concepção jurídica do Estado de Direito (CF: art. 1º, *caput*) vincula-se à justiça (preâmbulo e art. 3º, I), à igualdade (preâmbulo e art. 5º, *caput*), à segurança (preâmbulo, art. 5º e 6º, caput), à liberdade (preâmbulo, art. 3º, I, 5º, *caput*), à democracia (preâmbulo, art. 1º, *caput* e parágrafo único), à legalidade (art. 5º, II, XXXIX, art. 150, I), à previsibilidade (art. 5º, XXXVI, XL, art. 150, III), ao controle jurisdicional (art. 5º, XXXV), à supremacia constitucional (preâmbulo e art. 1º), ao poder exercido por meio de competência constitucional (Título IV) e à consagração de direitos fundamentais (art. 5º). Todos esses princípios atribuem densidade ao princípio do Estado de Direito, pois que se constituem em sub-princípios seus. O princípio do Estado de Direito, como valor imanente ao ordenamento jurídico, estabelece a ligação estrutural entre a atividade do Estado e o Direito. A atividade do Estado está relacionada ao Direito quanto à finalidade e quanto ao processo de intervenção.⁶⁹

O sobreprincípio do Estado de Direito resta, assim, não apenas consagrado expressamente no art. 1º da CRFB

---

⁶⁶ "Seção II – Das Atribuições do Presidente da República. Art. 84. Compete privativamente ao Presidente da República: [...] IV – sancionar, promulgar e fazer publicar as leis, bem como expedir decretos e regulamentos para sua fiel execução; [...]"

⁶⁷ "Seção II – DO SUPREMO TRIBUNAL FEDERAL. Art. 102. Compete ao Supremo Tribunal Federal, precipuamente, a guarda da Constituição, cabendo-lhe: I – processar e julgar, originariamente: a) a ação direta de inconstitucionalidade de lei ou ato normativo federal ou estadual e a ação declaratória de constitucionalidade de lei ou ato normativo federal; § 1º A argüição de descumprimento de preceito fundamental, decorrente desta Constituição, será apreciada pelo Supremo Tribunal Federal, na forma da lei." Redação dada pela Emenda Constitucional nº 3, de 17/03/93.

⁶⁸ "Art. 150. Sem prejuízo de outras garantias asseguradas ao contribuinte é vedado à União, aos Estados, ao Distrito Federal e aos Municípios; I – exigir ou aumentar tributo sem lei que o estabeleça;"

⁶⁹ ÁVILA, Humberto Bergmann. *Medida Provisória na Constituição de 1988*. Porto Alegre: Fabris, 1997, p. 48/49.

como detalhado em diversos outros dispositivos constitucionais.

Sendo a segurança jurídica um dos seus traços essenciais, mostra-se presente, já como decorrência do sobreprincípio do Estado de Direito. A sua concretização em inúmeros direitos e garantias individuais, por sua vez, também é reveladora, como se passará a demonstrar.

6. O princípio da segurança jurídica concretizado nos direitos e garantias individuais

A enunciação de direitos fundamentais é elemento integrante da noção de Estado de Direito. Ingo Wolfgang Sarlet destaca a íntima vinculação entre as idéias de Constituição, Estado de Direito e direitos fundamentais, ressaltando que estes integram "a essência do Estado constitucional, constituindo, neste sentido, não apenas parte da Constituição formal, mas também elemento nuclear da Constituição material".[70]

Assume particular relevância na CRFB a enunciação dos direitos fundamentais enquanto diretriz reveladora dos valores constitucionalmente incorporados, pois lhes atribui valor primordial, deles cuidando já no Título II, logo em seguida à proclamação dos Princípios Fundamentais no Título I, em que resta arrolada a dignidade da pessoa humana como fundamento para a ordem jurídico-constitucional brasileira,[71] tudo colocando a pessoa humana como centro das preocupações do constituinte, justificativa, fundamento e objetivo da organização da sociedade.

Marco Aurélio Greco ressalta que a Constituição Federal de 1967 estruturava-se tendo por elemento referencial o Estado, no sentido amplo de aparato público, configurando uma Constituição do Estado brasileiro, mas que a

---

[70] SARLET, Ingo Wolfgang. *A Eficácia dos Direitos Fundamentais.* 5ª ed. Porto Alegre: Livraria do Advogado, 2005, p. 67/68.
[71] Ainda SARLET, Ingo Wolfgang. *Dignidade da Pessoa Humana e Direitos Fundamentais na Constituição Federal de 1988.* Porto Alegre: Livraria do Advogado, 2001, p. 61.

Constituição da República Federativa do Brasil de 1988, diferentemente, ocupa-se primeiramente da definição do perfil da sociedade civil e da manifestação da vontade coletiva para só, então, disciplinar a organização do Estado "como instrumento 'instituído' pela sociedade civil para viabilizar direitos e deveres individuais e coletivos, sociais e políticos previamente enumerados".[72]

Hartmut Maurer, cuidando da Lei Fundamental alemã, também destaca a posição proeminente da pessoa humana:

> A Lei Fundamental concede aos direitos e interesses do cidadão uma alta hierarquia e põe as pessoas no centro da ordenação jurídica estatal. Disso resulta por si a proteção do cidadão confiante na existência do direito estatal. Os direitos fundamentais e o princípio do Estado de Direito respaldam isso.[73]

De fato, muitos dos princípios decorrentes do Estado de Direito encontram concretização no rol de direitos trazido pelo art. 5º da Constituição da República Federativa do Brasil de 1988, como é o caso do princípio da segurança jurídica.

Souto Maior Borges ressalta que "Segurança é [...] um sub-rogado, na metalinguagem doutrinária, dos dispositivos constitucionais que a contemplam nas dobras dos direitos e garantias individuais (linguagem-objeto)".[74]

Evidencia-se a segurança jurídica através de garantias como: legalidade geral,[75] legalidade absoluta e irretroatividade das leis penais,[76] proteção ao direito adquirido, ao

---

[72] GRECO, Marco Aurélio. *Solidariedade Social e Tributação*. São Paulo: Dialética, 2005, p. 170/171.

[73] MAURER, Hartmut. *Elementos de Direito Administrativo Alemão*. Tradução de Luís Afonso Heck. Porto Alegre: Fabris, 2001, p. 68.

[74] BORGES, Souto Maior. Princípio da Segurança Jurídica na Criação e Aplicação do Tributo. *RDT* nº 63. São Paulo: Malheiros, 1997, p. 208.

[75] TÍTULO II – Dos Direitos e Garantias Fundamentais. CAPÍTULO I – DOS DIREITOS E DEVERES INDIVIDUAIS E COLETIVOS. Art. 5º Todos são iguais perante a lei, sem distinção de qualquer natureza, garantindo-se aos brasileiros e aos estrangeiros residentes no País a inviolabilidade do direito à vida, à liberdade, à igualdade, à segurança e à propriedade, nos termos seguintes: [...] II – ninguém será obrigado a fazer ou deixar de fazer alguma coisa senão em virtude de lei;"

[76] "Art. 5º [...] XXXIX – não há crime sem lei anterior que o defina, nem pena sem prévia cominação legal; XL – a lei penal não retroagirá, salvo para beneficiar o réu."

ato jurídico perfeito e à coisa julgada,[77] acesso à jurisdição[78] e devido processo legal.[79]

Em tais garantias, é possível vislumbrar, com facilidade, a promoção da segurança jurídica através da proteção do bem consubstanciado no conhecimento da lei a que se está submetido, servindo de nexo entre elas e permitindo que se conclua no sentido de que inspira tais garantias fundamentais.

Tal visualização também se faz clara nas garantias do art. 150 da Constituição da República Federativa do Brasil de 1988, como é o caso da legalidade, da irretroatividade e da anterioridade tributária, que são direitos fundamentais das pessoas enquanto contribuintes.[80] O Supremo Tribunal Federal chegou a reconhecer na anterioridade de exercício verdadeira cláusula pétrea, por entender tratar-se de direito fundamental, afastando a possibilidade de supressão e mesmo de excepcionalização, ainda que por emenda constitucional.[81] [82]

---

[77] "Art. 5º [...] XXXVI – a lei não prejudicará o direito adquirido, o ato jurídico perfeito e a coisa julgada;"

[78] "Art. 5º [...] XXXV – a lei não excluirá da apreciação do Poder Judiciário lesão ou ameaça a direito;"

[79] "Art. 5º [...] LV – aos litigantes, em processo judicial ou administrativo, e aos acusados em geral, são assegurados o contraditório e ampla defesa, com os meios e recursos a ela inerentes."

[80] Note-se que, na Constituição Federal de 1967, com a Emenda Constitucional nº 1 de 1969, a legalidade tributária e a anterioridade de exercício figuravam no próprio rol dos direitos e garantias individuais, estampadas no § 29 do seu art. 153.

[81] Na ADIn 939, o STF declarou a inconstitucionalidade da EC nº 03/93 no ponto em que havia procurado excepcionar da observância da anterioridade e da imunidade recíproca a instituição do IPMF.

[82] CEZAR SALDANHA SOUZA JUNIOR, em sua obra *Direito Constitucional Tributário, Questões Controvertidas*, Porto Alegre: C.S. Souza Junior, 2002, p. 101/102, manifesta posição em sentido contrário, ressaltando que o art. 60, § 4º, da CRFB não veda "a reforma ou mesmo a revogação de normas jurídicas da Constituição vigente mesmo sobre as matérias arroladas em seus quatro incisos", vedando, sim, que, "pela alteração ou revogação de normas constitucionais, venha-se a abolir as decisões políticas fundamentais sobre as matérias arroladas", de modo que, distinguidos os aspectos material e formal do poder constituinte, os incisos do art. 5º da CRFB podem ser modificados por emenda constitucional, não se admitindo, contudo, a abolição do sistema de direitos liberdades estabelecido na Constituição. Vejam-se as suas palavras: "Questão importante é saber-se se Emenda à Constituição pode validamente: a) aumentar o rol dos impostos excepcionados no Art. 150, § 1º; ou b) abrir exceção ao princípio da noventena. Tem

Francisco Pinto Rabello Filho frisa que "[...] os princípios da estrita legalidade, irretroatividade e anterioridade, ao tempo em que guardam enorme conexidade entre si, atuam, conjuntamente, visando a tornar efetivo o sobreprincípio da segurança jurídica".[83]

Tem-se, pois, que a afirmação do Estado de Direito e a sua concretização em diversos dispositivos constitucionais, especialmente em garantias fundamentais que visam a proteger, acautelar, garantir, livrar de risco as pessoas

---

se argumentado no Brasil contra a validade jurídica de Emenda Constitucional que vise alcançar qualquer desses objetivos [...] Invoca-se como argumento os limites materiais ao poder de emenda à Constituição (Art. 60, § 4°, da Constituição), as denominadas decisões políticas inabolíveis. Essa cláusulas visam, se examinarmos bem os seus quatro incisos, defender a Federação (inciso I) e o regime Democrático (incisos II, III e IV), contra assaltos de autoritarismos e de totalitarismos. [...] Do debate emergiu uma posição que paulatinamente vem ganhando o consenso dos melhores doutrinadores e do próprio STF, sob a liderança do Ministro PERTENCE [...] Para esse entendimento amadurecido, as determinações do Art. 60, § 4° não vedam a reforma ou mesmo a revogação de normas jurídicas da Constituição vigente mesmo sobre as matérias arroladas em seus quatro incisos. O que o dispositivo veda, na verdade, é que, pela alteração ou revogação de normas constitucionais, venha-se a abolir as decisões políticas fundamentais sobre as matérias arroladas no § 4°. O constitucionalista JORGE MIRANDA mostra que devemos distinguir o aspecto material e o aspecto formal do poder constituinte. Poder constituinte material é a decisão política fundamental que o constituinte resolveu adotar. Assim, tomando o Art. 60, § 4°: no inciso I, a federação; no inciso II, o processo eleitoral democrático; no inciso III, o Estado de Direito, que se consubstancia pela divisão dos poderes; e, no inciso IV, o sistema de direitos e garantias fundamentais. O poder constituinte formal é etapa lógica e cronologicamente posterior. Vem a ser a criação, em texto jurídico escrito, diante das ilimitadas opções disponíveis, da norma geral que vai regular a decisão jurídica fundamental. Ora, entre o poder constituinte material e o poder constituinte formal há necessariamente um espaço de autonomia. Assim, a federação – decisão jurídica fundamental – pode ser formalizada juridicamente de inúmeras formas. A forma jurídica de federação adotada pela Constituição Brasileira pelas normas constitucionais pode ser livremente alteradas pelo Poder de emenda, desde eu não produza a abolição da essência do que se denomina de essência política da Federação, vale dizer, a decisão política fundamental pela Federação. O mesmo se aplica para os direitos e garantias individuais, que se encontram no Art. 5° da Constituição. Os incisos do Art. 5° podem ser modificados por Emenda à Constituição. O que não se admite é a abolição do sistema de direitos liberdade estabelecidos na Constituição. [...] No caso, a regra do princípio da noventena não é, definitivamente, direito liberdade, mais direito de contribuinte, ou da pessoa como contribuinte [...] Ainda que a regra da noventena tratasse de direito-liberdade – e não é esse o caso – excepcioná-la, por justificadas razões de necessidade e de altíssimo interesse público, como o caso da CPMF, não abole, nem sequer fere, o sistema dos direitos da Constituição."

[83] RABELLO FILHO, Francisco Pinto. *O Princípio da Anterioridade da Lei Tributária*. São Paulo: RT, 2002, p. 105.

e permitir que pratiquem atos da vida civil com certeza e confiança, resguardando-as do arbítrio, permitem que se infira, com facilidade, o princípio implícito da segurança jurídica em geral e, particularmente, em matéria tributária.

Capítulo II
Conteúdo da Segurança Jurídica

7. A necessidade de investigação dos diversos âmbitos de concretização da segurança jurídica

Em linhas gerais, podemos afirmar, com Humberto Bergmann Ávila, que o princípio da segurança jurídica estabelece "o dever de buscar um ideal de estabilidade, confiabilidade, previsibilidade e mensurabilidade na atuação do Poder Público", visualizando-se, no seu conteúdo, que "os cidadãos devem saber de antemão quais normas são vigentes, o que é possível apenas se elas estão em vigor 'antes' que os fatos por elas regulamentados sejam concretizados (irretroatividade), e se os cidadãos dispuserem da possibilidade de conhecer 'mais cedo' o conteúdo das leis (anterioridade)", o que reconhece como "dimensão formal-temporal da segurança jurídica", e que "demanda uma 'certa medida' de compreensibilidade, clareza, calculabilidade, e controlabilidade conteudísticas para os destinatários da regulação", esta a "dimensão material da segurança jurídica".[84] Também invoca Weinberger a respeito do conteúdo de segurança jurídica:

> O ordenamento jurídico deve providenciar a segurança jurídica, que consiste em que a) sejam determináveis os deveres e os direitos que temos, b) cada qual possa contar com uma proteção eficaz dos seus direitos pelo ordena-

---
[84] ÁVILA, Humberto Bergmann. *Sistema...* p. 295/297.

mento jurídico, e c) o teor das decisões jurídicas seja previsível em elevado grau.[85]

A identificação dos conteúdos normativos do princípio da segurança jurídica exige, efetivamente, que se investigue quais os problemas centrais que restam tocados, quais os bens jurídicos protegidos e quais os comportamentos necessários para a sua realização.

Tal análise permite que se verifique a função de cada uma das garantias constitucionais relacionadas com a promoção da segurança, orientando a sua interpretação e aplicação, bem como que se tenha elementos mais objetivos para a argumentação com vista à construção de soluções para os casos concretos diretamente a partir do princípio implícito da segurança jurídica.

De fato, não basta reconhecermos a segurança jurídica como princípio constitucional implícito. Exige-se, como requisito para que possamos trabalhar de modo eficaz com tal princípio, que consigamos perceber como se concretiza, ou seja, não apenas o porquê, mas para quê se afirma a segurança, de modo que se tenha clareza quanto ao seu conteúdo normativo.

Para tanto, impende que, em face do valor segurança, façamos a leitura da totalidade do texto constitucional, procurando identificar os elementos que ali estejam desdobrados como normas detalhadoras da sua repercussão.

8. Identificação dos conteúdos fundamentais da segurança jurídica

A promoção da segurança jurídica apresenta-se de diversas formas, conforme as circunstâncias do caso concreto e a perspectiva assumida.

Os doutrinadores as referem utilizando, cada qual, uma terminologia distinta. Ora falam em aspectos da segurança jurídica, ora em dimensões, formas de concreção, planos, idéias ou conteúdos. O objetivo comum é indicar

---

[85] WEINBERGER, Ota, Norm und Institution. Eine Einführung in die Theorie des Rechts. Viena: Mogúncia, 1988, p. 38, *apud* ÁVILA, Humberto Bergmann. *Sistema...*, p. 299.

de que modo se concretiza o princípio da segurança jurídica, o que dele se extrai em termos normativos, razão pela qual, embora venhamos a referir a terminologia de cada autor, utilizaremos, nós, a expressão "conteúdos normativos".

Pode-se ressaltar, já de início, que a segurança tem um conteúdo negativo e um conteúdo positivo, conforme lição de Ricardo Lobo Torres: "A segurança se afirma contra o Estado, moldando o *status negativus* dos direitos, mas também depende do Estado, principalmente da proteção do Judiciário, que constitui o *status positivus libertatis*".[86]

José Afonso da Silva aponta a segurança no direito como gênero e distingue a segurança do direito, de um lado, da segurança jurídica propriamente, de outro:

> Cumpre, antes de mais nada, observar que a segurança no direito pode ser, num primeiro plano, compreendida num duplo sentido: *segurança do direito* e *segurança jurídica*. A segurança do direito é a que exige a positividade do direito e é, neste contexto, que a segurança se entronca com a Constituição, na medida em que esta constitui o fundamento de validade do direito positivo. [...] A segurança do direito, como visto, é um valor jurídico que exige a positividade do direito, enquanto a segurança jurídica é já uma garantia que decorre dessa positividade. Assim é que o direito constitucional positivo, traduzido na Constituição, é que define os contornos da segurança jurídica da cidadania.[87]

Héctor B. Villegas destaca três aspectos fundamentais da segurança jurídica:

> El contenido del principio de seguridad jurídica está dado por tres aspectos fundamentales, que son la *confiabilidad, la certeza y la interdicción de la arbitrariedad*. [...] En definitivo, la seguridad jurídica es un valor esencial sin cuya presencia difícilmente puedan realizarse los restantes valores de superior jerarquía.[88]

Relativamente à confiabilidade, refere a legalidade e a irretroatividade; quanto à certeza, cuida da instabilidade

---

[86] TORRES, Ricardo Lobo. *Tratado de Direito Constitucional Financeiro e Tributário*. Vol. II: Valores e Princípios Constitucionais Tributários. Rio de Janeiro: Renovar, 2005, p. 173.

[87] SILVA, José Afonso. *Constituição e Segurança Jurídica*. In: ROCHA, Cármen Lúcia Antunes (coord.), op. cit., p. 16/17.

[88] VILLEGAS, Héctor B. Principio de seguridad jurídica en la creación y aplicación del tributo/El contenido de la seguridad jurídica, em *Revista de Direito Tributário* nº 66, Malheiros, p. 10 e 16.

do Direito, das falhas técnicas normativas e dos remédios jurídicos insuficientes ou incertos; acerca da arbitrariedade, aborda a interpretação arbitrária dos preceitos legais e a necessidade de um Poder Judiciário independente.

Mónica Madriaga Gutiérrez, por sua vez, destaca a dimensão da *certeza quanto à norma* que regula os atos sociais, de um lado, e a dimensão da expectativa ou *confiança quanto à situação do indivíduo*, de outro, reveladas em noções de certeza, imutabilidade e intangibilidade.[89]

Danilo Knijnik, forte em Angel Latorre, aponta quatro vetores básicos como formas elementares de concreção do princípio da segurança jurídica, quais sejam, a proteção da confiança depositada no intercâmbio e nas transmissões jurídicas, mesmo que aparentes, a que chama de *segurança do tráfego jurídico*; a proteção quanto aos direitos de que as pessoas são titulares com vista à sua proteção, que chama de *segurança jurídica propriamente dita*; a necessidade de certeza quanto ao teor da lei, a que chama de *certeza do direito em sentido estrito*; a limitação e controlabilidade dos atos do Estado, referindo, neste sentido, o próprio *Estado de Direito como princípio*, e não apenas enquanto realidade política.[90]

Luís Roberto Barroso destaca cinco esferas de idéias e conteúdos:

> No seu desenvolvimento doutrinário e jurisprudencial, a expressão segurança jurídica passou a designar um conjunto abrangente de idéias e conteúdos, que incluem: 1. a existência de *instituições estatais dotadas de poder e garantias*, assim como sujeitas ao princípio da *legalidade*; 2. a *confiança* nos atos do Poder Público, que deverão reger-se pela *boa-fé* e pela *razoabilidade*; 3. a *estabilidade* das relações jurídicas, manifestada na *durabilidade das normas*, na *anterioridade das leis* em relação aos fatos sobre os quais incidem e na conservação de direitos em face da lei nova; 4 a *previsibilidade* dos comportamentos, tanto os que devem ser seguidos como os que devem ser suportados; 5. a *igualdade* na

---

[89] *Apud* KNIJNIK "[...] cumpre observar, com Mônica Madriaga Gutierrez, que o valor segurança jurídica envolve, pelo menos, duas dimensões: a dimensão da certeza quanto á norma que regula os atos sociais, de um lado, e, por outro, a expectativa ou confiança quanto à situação do indivíduo na sociedade." (KNIJNIK, p. 218) Invocando a mesma tratadista (Mônica...), Knijnik diz que ela reconduz o princípio da segurança jurídica a três vertentes fundamentais: certeza, imutabilidade e intangibilidade. (KNIJNIK, op. cit., p. 220).
[90] KNIJNIK. Op. cit., p. 218/220.

lei e perante a lei, inclusive com soluções isonômicas para situações idênticas ou próximas. Um conjunto de conceitos, princípios e regras decorrentes do Estado democrático de direito procura promover a segurança jurídica.[91]

Costuma-se destacar, ainda, a relevância das garantias de *acesso à Justiça* para a afirmação da segurança jurídica. Ricardo Lobo Torres invoca Joseph Isensee para ressaltar que a garantia do processo judicial e do administrativo constitui o *status* positivo da segurança: "Isensee diz que o 'direito fundamental à segurança' (*Grundrecht auf Sicherheit*) exibe o *status negativus*, configurado na legislação que protege o cidadão contra o Estado, e o *status positivus libertatis*, consubstanciado na garantia do processo judicial e do administrativo".[92] Mónica Madariaga Gutiérrez, por sua vez, refere a necessidade de *certeza prática*:

> El Derecho surge así como "instancia determinadora de aquello a lo cual el hombre debe atenerse em sus relaciones com los demas – certeza-, pero no sólo *certeza teórica* – saber lo que debe hacer – sino también *certeza práctica*, es decir, seguridad; saber que esto tendrá forzosamente que ocurrir, porque será impuesto por la fuerza si es necesario, inexorablemente".[93]

Verifica-se, mediante a análise de tais abordagens, que variam conforme a perspectiva, seja objetiva ou subjetiva, estática ou dinâmica. Isso porque o foco pode estar no ordenamento, nos atos e fatos jurídicos, nas pretensões subjetivas das pessoas e até mesmo nas instituições. Têm em consideração o conhecimento do Direito aplicável, de um lado, a proteção dos direitos de que as pessoas são titulares, de outro, e, ainda, a confiança quanto à situação do indivíduo no tráfego jurídico ou mesmo a controlabilidade.

Vislumbramos, assim, cinco conteúdos do princípio da segurança jurídica: 1) *certeza* do direito; 2) *intangibilidade* das posições jurídicas; 3) *estabilidade* das situações jurídicas; 4) *confiança* no tráfego jurídico; 5) *tutela* jurisdicional.

---

[91] BARROSO. In. CÁRMEN. Op. cit., p. 139/140.
[92] TORRES, Ricardo Lobo. *A Segurança Jurídica...*, p. 433.
[93] GUTIÉRREZ, Mónica Madariaga. *Derecho Administrativo y Seguridad Jurídica*. Santiago de Chile: Editorial Jurídica de Chile, 1965, p. 10.

Todos esses conteúdos, por certo, são complementares entre si e mantêm implicações mútuas. Mónica Madariaga Gutiérrez chega a afirmar:

> Tales formas o manifestaciones concretas de la seguridad no son sino aspectos de um mismo valor, es decir, ângulos de observación de um mismo problema, estando, por lo tanto, íntimamente relacionados entre sí. Puede decirse, entonces, que sólo por razones de método es posible separar la Certeza de la Inmutabilidad e Intangibilidad de las situaciones y actos administrativos.[94]

De fato, é certo que não se pode, por exemplo, cuidar de pretensões sem a identificação do direito que lhes dá suporte, tampouco teriam qualquer utilidade sem o reconhecimento e a garantia da sua aplicação pelo Judiciário.[95]

Mas a identificação dos diversos conteúdos permite uma melhor visualização das exigências e projeções do princípio da segurança jurídica, contribuindo para que seja melhor compreendido e aplicado.

9. A segurança jurídica como certeza do direito

A segurança jurídica apresenta um primeiro conteúdo relacionado com a certeza quanto ao direito vigente e aplicável aos casos. Isso porque, antes mesmo de se perquirir quanto à intangibilidade de direitos adquiridos ou mesmo quanto à proteção de direitos, impende que se tenha conhecimento de qual é o direito vigente, de quais são as normas que regem os casos, de modo a que as pessoas possam orientar suas condutas conforme os efeitos jurídicos já estabelecidos para as mesmas, agindo no sentido de buscar determinado resultado jurídico ou mesmo de evitar uma conseqüência jurídica indesejada.

---

[94] GUTIÉRREZ, Mónica Madariaga. Op. cit., p. 46.
[95] Bastaria referir a afirmação de que dentre todos os direitos fundamentais o mais importante seria o de acesso à Justiça na medida em que a efetivação dos demais direitos depende deste, conforme se vê em: CAPPELLETTI, Mauro. *Acesso à Justiça*. Tradução de Ellen Gracie Northfleet. Porto Alegre: Fabris, 1988.

Assim é que se mostra indispensável o conhecimento quanto a legislação vigente e seus conteúdos.

Isso exige do ordenamento, de um lado, que estabeleça quais as vias legislativas apropriadas para a produção válida de normas jurídicas, se há ou não reservas de lei complementar, se há ou não matérias que não possam ser delegadas por lei ao Executivo, se há ou não matérias que possam ser disciplinadas por atos infralegais. Cuida-se da característica do Direito de regular a sua própria produção.

Aqui também teremos os questionamentos quanto à necessidade de publicação dos textos legais e de circulação dos respectivos diários oficiais ou sua disponibilização pela Internet quando passe a ter valor oficial.[96] Entram, também, neste campo, as exigências de que a lei trate de temas específicos (lei específica), como temos no art. 150, § 6º, da CRFB,[97] a eliminação das chamadas caudas orçamentárias,[98]

---

[96] Atualmente, embora disponibilizada a legislação pela INTERNET por *sites* do próprio governo (Planalto, Câmara dos Deputados, Senado Federal), ainda não lhe é atribuída por lei valor oficial, reservado este que está, ainda, às publicações impressas, quais sejam, os Diários Oficiais. Quanto a estes, contudo, impende distinguir sua publicação como disponibilização para aquisição na própria Imprensa Oficial, da sua efetiva circulação, ou seja, da sua chegada aos pontos de venda e aos assinantes nas dezenas de Estados e milhares de Municípios brasileiros. O STF tem entendido que a lei se considera publicada, já a contar da simples colocação à venda na Imprensa Oficial, negando relevância à publicidade efetiva, que se dá apenas com a circulação. Num país de dimensões continentais, tal não atende, de modo algum, à necessidade de publicidade, ou seja, de dar ao conhecimento das pessoas as leis que passarão a reger as suas vidas. Só há publicidade efetiva quando se enseja o conhecimento, quando há acesso ao mesmo.

[97] CRFB: "Art. 150. Sem prejuízo de outras garantias asseguradas ao contribuinte, é vedado à União, aos Estados, ao Distrito Federal e aos Municípios: [...] § 6.º Qualquer subsídio ou isenção, redução de base de cálculo, concessão de crédito presumido, anistia ou remissão, relativos a impostos, taxas ou contribuições, só poderá ser concedido mediante lei específica, federal, estadual ou municipal, que regule exclusivamente as matérias acima enumeradas ou o correspondente tributo ou contribuição, sem prejuízo do disposto no art. 155, § 2.º, XII, *g*." Redação do § 6º dada pela EC nº 3/93.

[98] ALIOMAR BALEEIRO se refere às caudas orçamentárias como sendo os dispositivos inseridos na lei ânua mas estranhos às finanças. E destaca: "Foi a reforma de 1926 que, por iniciativa do Presidente BERNARDES, deu tiro de morte às chamadas 'caudas orçamentárias', isto é, dispositivo de lei, no sentido material, sobre os mais variados assuntos estranhos às finanças. Essa prática abusiva, repugnante à natureza jurídica do orçamento, proliferou sobretudo durante a Primeira República, e, aliás, encontrava símile na vida parlamentar de várias

forte no art. 165, § 8º, da CRFB,[99] a exigência, pela LC 95/98, de que a lei disponha, já na sua rubrica e no seu artigo primeiro, sobre a matéria abordada[100] etc.

Também a clareza dos dispositivos legais, o grau de determinação exigido para possibilitar às pessoas que compreendam o alcance das normas a que estão sujeitas e para dar efetividade às eventuais reservas legais, constitui um traço da segurança jurídica que diz respeito ao conhecimento e à certeza quanto ao direito vigente.

Ainda neste conteúdo de certeza do direito, temos as discussões de Direito Intertemporal, o princípio da irretroatividade, no sentido de que a lei se presume produzir efeitos para o futuro, as discussões sobre a possibilidade de se aplicar às situações pendentes, de ter ou não aplicabilidade imediata com efeitos ainda que parcialmente retrospectivos em determinadas situações, e sobre a possibilidade ou não, e para que fins, de a lei dispor expressamente no sentido da sua aplicação retroativa.

Há também um campo de discussão sobre a necessidade de estabilidade da própria legislação, se pode ou não

---

nações cultas. [...] O orçamento, como lei puramente formal, sem conteúdo material ou substancial de lei, não pode criar nem majorar impostos em suas disposições. Estas, se pretenderem esses fins, são caudas orçamentárias, enxertos ou excrescências, destituídas de eficácia à luz da Constituição. A lei que institui ou majora impostos é especial, e distinta do orçamento." (BALEEIRO, Aliomar. *Uma Introdução à Ciência das Finanças*. 14ª ed. rev. e atualizada por Flávio Bauer Novelli. Rio de Janeiro: Forense, 1990, p. 417/418)

[99] CRFB: "Art. 165. Leis de iniciativa do Poder Executivo estabelecerão: [...] § 8º – A lei orçamentária anual não conterá dispositivo estranho à previsão da receita e à fixação da despesa, não se incluindo na proibição a autorização para abertura de créditos suplementares e contratação de operações de crédito, ainda que por antecipação de receita, nos termos da lei."

[100] LC nº 95/98, que dispõe sobre a elaboração, a redação, a alteração e a consolidação das leis, conforme determina o parágrafo único do art. 59 da Constituição Federal, e estabelece normas para a consolidação dos atos normativos que menciona: "Art. 7º O primeiro artigo do texto indicará o objeto da lei e o respectivo âmbito de aplicação, observados os seguintes princípios: I – excetuadas as codificações, cada lei tratará de um único objeto; II – a lei não conterá matéria estranha a seu objeto ou a este não vinculada por afinidade, pertinência ou conexão; III – o âmbito de aplicação da lei será estabelecido de forma tão específica quanto o possibilite o conhecimento técnico ou científico da área respectiva; IV – o mesmo assunto não poderá ser disciplinado por mais de uma lei, exceto quando a subseqüente se destine a complementar lei considerada básica, vinculando-se a esta por remissão expressa."

ser alterada a todo momento ou se deve ter um prazo mínimo de vigência. Já há dispositivo nesse sentido na Lei Geral Tributária portuguesa, que estabelece em cinco anos o prazo das isenções.[101]

Para alguns fins, pode, ainda, haver previsões específicas assegurando às pessoas o conhecimento antecipado quanto às inovações legislativas, como é o caso da instituição e da majoração dos tributos, com a previsão constitucional da anterioridade da lei tributária impositiva.

10. A segurança jurídica como intangibilidade das posições jurídicas consolidadas

Há posições jurídicas consolidadas que fazem gerar para os seus titulares pretensões devidamente amparadas por lei ou por contrato e que merecem proteção inclusive diante de lei posterior relativa à matéria. Em se tratando de base legal, tem-se, assim, a ultratividade da norma que regeu a situação e que continuará a ser aplicada, ainda que já não mais vigente.

Efetivamente, a segurança jurídica se realiza pela intangibilidade de determinadas posições jurídicas decorrentes de atos jurídicos perfeitos e acabados e da satisfação dos requisitos necessários ao exercício de determinados direitos que, com isso, se incorporam ao patrimônio das pessoas.

Ponto de controvérsia é a intangibilidade ou não do ato jurídico perfeito às chamadas leis de ordem pública. O

---

[101] "Mas a regra da revogabilidade dos benefícios e a faculdade da livre alteração das somas fiscais, afronta a necessidade da estabilidade do Direito enquanto se mantenham as situações pressupostas por essas normas. Conviria que as normas jurídicas contivessem, na medida do possível, a menção do período mínimo da sua vigência; que a sua revogação fosse precedida de um pré-aviso a termo dilatado, etc. 42. O artigo 14°, 1, da Lei Geral Tributária A Lei Geral Tributária, no número 1 do artigo 14°, deu satisfação a uma das exigências referidas: as normas que prevêem benefícios fiscais vigoram durante um período de cinco anos se não tiverem previsto outro, caducando, pois, decorrido esse prazo. Só não caducarão se os benefícios fiscais tiverem carácter estrutural como é o caso, em regra, dos previstos no Estatuto dos Benefícios fiscais e nos Códigos dos impostos." CAMPOS, Diogo Leite de; CAMPOS, Mônica Horta Neves Leite de. *Direito Tributário*. Belo Horizonte: Del Rey, 2001, p. 223/224.

STF tem se pronunciando no sentido de que a simples invocação da condição de lei de ordem pública não autoriza a sua aplicação a contratos anteriormente firmados, pois não excepcionada a garantia do art. 5º, XXXVI, da CF.[102] [103] Mas a matéria merece sempre consideração em face do objeto específico da lei nova e da consideração acerca do comprometimento ou não da estrutura e da funcionalidade do contrato.[104]

O mesmo conteúdo quanto à segurança jurídica tem a proteção à posição daquele beneficiado pelos efeitos da coisa julgada, pois decorrentes de decisão do Poder Judiciário em caráter definitivo, após serem garantidos às partes o contraditório e a ampla defesa, bem como os recursos previstos na legislação.

Recente foi a controvérsia sobre a intangibilidade da coisa julgada baseada em dispositivo de lei posteriormente declarado inconstitucional pelo Supremo Tribunal

---

[102] STF, ADIN 493-DF, rel. Min. Moreira Alves, jun/1992.

[103] Barroso, op. cit., destaca que o STF censura tanto a retroatividade máxima, como a média e a mínima, sendo irrelevante a noção de lei de ordem pública quando estejam em questão as cláusulas do direito adquirido, do ato jurídico perfeito e da coisa julgada, eis que a Constituição não estabelece exceções, o que resta estampado no STF ADIN 493, Moreira Alves, com referência ao fato de que é descabida a invocação do direito alienígena, já que na maior parte dos países não há tais garantias constitucionais, que são apenas de fundamento legal, por isso superáveis por lei nova. Quanto às razões de Estado, afasta a possibilidade da sua invocação forte na lição de Celso de Mello (RE 209.519/SC) e de Moreira Alves (RE 226.855/RS).

[104] CAMINHA, Vivian Josete Pantaleão. *O contrato diante da lei de ordem pública: um conflito superável*. Inédito. Afirma a autora que a incidência da lei "só se faz legítima se a prescrição legal for adequada à conformação da relação jurídico-contratual à nova realidade decorrente da intervenção estatal no domínio econômico e dela não resultar comprometida a estrutura e a funcionalidade do contrato (equilíbrio econômico-financeiro e função social). Se, após a contratação, advém norma legal que modifica a conjuntura econômica do país ou impõe as novas noções valorativas que devem orientar a sociedade, é razoável que se admita possa o legislador prever a repercussão de tais inovações normativas nos contratos, ou seja, adotar, no plano do direito positivo, medidas tendentes à eliminação dos efeitos onerosos derivados da iniciativa interventiva. Não se trata, pois, de absorver o individual no público, mas de inseri-lo em uma dimensão coletiva viabilizante da harmonização do convívio social. Caberá ao operador do Direito discernir os casos em que deve prevalecer a modificação legislativa daqueles em que funciona a irretroatividade, avaliando: [...] se o efeito que produzirá sobre o contrato atingirá o núcleo irredutível da liberdade ou afetará a estrutura e a funcionalidade do pacto, aniquilando as justas expectativas dos contratantes ou destruindo sua equação econômico-financeira."

Federal. Conciliou-se, então, a garantia da coisa julgada com a supremacia da Constituição, entendendo a inconstitucionalidade declarada como razão suficiente para ensejar a rescisão da sentença através de Ação Rescisória.[105] [106]

11. A segurança jurídica como estabilidade das situações jurídicas

A estabilidade das situações jurídicas também se mostra necessária à segurança. A própria vida das pessoas tem uma dimensão temporal. Com o passar do tempo, situações se consolidam, a memória se perde, as provas se esvaem e as conseqüências da recomposição das situações ainda que para fins de aplicação de determinadas normas do ordenamento jurídico assumem dimensão exacerbada, a exigir sua estabilização por questão se segurança e mesmo de justiça.

Assim é que o ordenamento jurídico prevê a decadência como prazo limite para o exercício de direitos, a prescrição como prazo limite para a busca da tutela jurisdicional, esta implicando a perda da ação, sendo que no Direito Tributário implica a extinção do próprio crédito tributário.

Também visam à estabilização das situações as regras de usucapião comum e especial, urbano e rural, de modo a dar segurança e a pacificar as questões atinentes à posse e à propriedade.

---

[105] Vide ZAVASCKI, Teori Albino. *Eficácia das Sentenças na Jurisdição Constitucional.* RT, 2001.
[106] "EMENTA: Recurso Extraordinário. Agravo Regimental. 2. Ação Rescisória. Matéria constitucional. Inaplicabilidade da Súmula 343. 3. A manutenção de decisões das instâncias ordinárias divergentes da interpretação constitucional revela-se afrontosa à força normativa da Constituição e ao princípio da máxima efetividade da norma constitucional. 4. Ação Rescisória fundamentada no art. 5°, XXXVI, da Constituição Federal. A indicação expressa do dispositivo constitucional é de todo dispensável, diante da clara invocação do princípio constitucional do direito adquirido. 5. Agravo regimental provido. Recurso extraordinário conhecido e provido para que o Tribunal a quo aprecie a ação rescisória." (STF, 2ª T., unânime, AgRRE 328812/AM, rel. Min. Gilmar Mendes, dez/02)

12. A segurança jurídica como confiança no tráfego jurídico

Outro conteúdo do princípio da segurança jurídica é a proteção da confiança, que se concretiza em dar relevância às expectativas legitimamente havidas no tráfego jurídico, valorizando a boa-fé, a aparência, as práticas reiteradas.

Há quem distinga o princípio da segurança, de um lado, do princípio da proteção da confiança de outro, mas temos que este constitui desdobramento daquele.

José Joaquim Gomes Canotilho bem expõe a questão, acabando por reconhecer que o princípio da segurança jurídica abrange a idéia de proteção da confiança:

> Estes dois princípios – segurança jurídica e protecção da confiança – andam estreitamente associados a ponto de alguns autores considerarem o princípio da protecção de confiança como um subprincípio ou como uma dimensão específica da segurança jurídica. Em geral, considera-se que a segurança jurídica está conexionada com elementos objectivos da ordem jurídica – garantia de estabilidade jurídica, segurança de orientação e realização do direito – enquanto a protecção da confiança se prende mais com as componentes subjectivas da segurança, designadamente a calculabilidade e previsibilidade dos indivíduos em relação aos efeitos jurídicos dos actos dos poderes públicos. A segurança e a protecção da confiança exigem, no fundo: (1) fiabilidade, clareza, racionalidade e transparência dos actos do poder; (2) de forma que em relação a eles o cidadão veja garantida a segurança nas suas disposições pessoais e nos efeitos jurídicos dos seus próprios actos. Deduz-se já que os postulados da segurança jurídica e da protecção da confiança são exigíveis perante qualquer acto de qualquer poder – legislativo, executivo e judicial. O princípio geral da segurança jurídica em sentido amplo (abrangendo, pois, a idéia de protecção da confiança) pode formular-se do seguinte modo: o indivíduo têm do direito poder confiar em que aos seus actos ou às decisões públicas incidentes sobre os seus direitos, posições ou relações jurídicas alicerçadas em normas jurídicas vigentes e válidas se ligam os efeitos jurídicos previstos e prescritos por essas mesmas normas. As refracções mais importantes do princípio da segurança jurídica são as seguintes: (1) relativamente a actos normativos – proibição de normas retroactivas restritivas de direitos ou interesses juridicamente protegidos; (2) relativamente a actos jurisdicionais – inalterabilidade do caso julgado; (3) em relação a actos da administração – tendencial estabilidade dos casos decididos através de actos administrativos constitutivos de direitos.[107]

---

[107] CANOTILHO, J. J. Gomes. *Direito Constitucional e Teoria da Constituição*. Portugal:Coimbra: Almedina, 1998, p. 250.

A referência conjunta à segurança e à proteção da confiança não se dá sem razão, na medida em que esta efetivamente configura um instrumento para a afirmação da segurança jurídica.

Ainda que se procure dar autonomia à questão da confiança, enunciando-a juridicamente como "princípio da confiança", certo é que constitui desdobramento do princípio da segurança jurídica, fundamentando-se, pois, também, tanto no sobreprincípio do Estado de Direito como nos direitos fundamentais.

Hartmut Maurer esclarece o sentido da proteção à confiança:

> A proteção à confiança parte da perspectiva do cidadão. Ela exige a proteção da confiança do cidadão que contou, e dispôs em conformidade com isso, com a existência de determinadas regulações estatais e outras medidas estatais. [...] O princípio da proteção à confiança situa-se em uma relação de tensão entre estabilidade e flexibilidade.[108]

Canotilho, por sua vez, como visto, detalha como se efetivam normativamente o princípio da segurança jurídica e o da proteção à confiança referindo-se à garantia de estabilidade jurídica, segurança de orientação e realização do direito, calculabilidade e previsibilidade em relação aos efeitos jurídicos dos atos praticados, fiabilidade, clareza, racionalidade e transparência dos atos de poder, confiança nos efeitos dos seus atos, forte nos direitos, posições e relações jurídicas alicerçadas sobre normas vigentes e válidas, proibição de retroatividade restritiva de direitos ou interesses protegidos, inalterabilidade do caso julgado, estabilidade das decisões administrativas, a própria proteção da confiança.

13. A segurança jurídica como tutela jurisdicional

A segurança jurídica exige, ainda, o direito de acesso ao Judiciário como instância independente para a solução dos conflitos.

---

[108] MAURER, Hartmut. *Elementos de Direito Administrativo Alemão*. Tradução de Luís Afonso Heck. Porto Alegre: Fabris, 2001, p. 68.

Só se pode falar em segurança jurídica se há meios para dar eficácia às normas jurídicas.

Tal garantia só se apresenta satisfatória quando se verifique o direito de acesso ao Judiciário, procedimentos que resguardem tanto a efetividade da tutela como o contraditório e a ampla defesa, decisões devidamente fundamentadas no próprio ordenamento jurídico e órgãos jurisdicionais competentes, tudo em conformidade com a Constituição.

O acesso ao Judiciário é, de fato, indispensável para que haja a afirmação dos direitos e das prerrogativas próprias de cada posição ou situação jurídica.

A preocupação do Constituinte com este conteúdo da segurança jurídica foi elevada, tanto que garantiu expressamente o direito de acesso ao Judiciário,[109] decisões fundamentadas,[110] ampla defesa e contraditório[111] e instrumentos processuais especiais de proteção da liberdade (*habeas corpus*)[112] e de quaisquer direitos lesados por ato ilegal ou abusivo de autoridade (mandado de segurança),[113] dentre outros.

---

[109] CRFB: "Art. 5º [...] XXXV – a lei não excluirá da apreciação do Poder Judiciário lesão ou ameaça a direito;"

[110] CRFB: "Art. 93. Lei complementar, de iniciativa do Supremo Tribunal Federal, disporá sobre o Estatuto da Magistratura, observados os seguintes princípios: [...] IX todos os julgamentos dos órgãos do Poder Judiciário serão públicos, e fundamentadas todas as decisões, sob pena de nulidade, podendo a lei limitar a presença, em determinados atos, às próprias partes e a seus advogados, ou somente a estes, em casos nos quais a preservação do direito à intimidade do interessado no sigilo não prejudique o interesse público à informação;" Redação do inciso IX dada pela EC nº 45/04.

[111] CRFB: "Art. 5º [...] LV – aos litigantes, em processo judicial ou administrativo, e aos acusados em geral são assegurados o contraditório e ampla defesa, com os meios e recursos a ela inerentes;"

[112] CRFB: "Art. 5º [...] LXVIII – conceder-se-á *habeas corpus* sempre que alguém sofrer ou se achar ameaçado de sofrer violência ou coação em sua liberdade de locomoção, por ilegalidade ou abuso de poder;"

[113] CRFB: "Art. 5º [...] LXIX – conceder-se-á mandado de segurança para proteger direito líquido e certo, não amparado por *habeas corpus* ou *habeas data*, quando o responsável pela ilegalidade ou abuso de poder for autoridade pública ou agente de pessoa jurídica no exercício de atribuições do Poder Público;"

Capítulo III
Especificidade da Segurança Jurídica Tributária

14. O princípio da segurança jurídica como sobreprincípio em matéria tributária

Fundamentando e dando sentido a diversas das limitações constitucionais ao poder de tributar, o princípio da segurança jurídica atua como sobreprincípio em matéria tributária. Constitui, ao mesmo tempo, um subprincípio do princípio do Estado de Direito e um sobreprincípio relativamente aos princípios decorrentes que se prestam à afirmação de normas importantes para a efetivação da segurança.

Paulo de Barros Carvalho também identifica a segurança jurídica como sobreprincípio:

> Todo princípio atua para implantar valores. Há, contudo, conjuntos de princípios que operam para realizar, além dos respectivos conteúdos axiológicos, princípios de maior hierarquia, aos quais chamaremos de 'sobreprincípios'. Se num determinado sistema jurídico tributário houver a coalescência de diretrizes como a da legalidade, da igualdade, da irretroatividade, da universalidade da jurisdição, da anterioridade etc., dele diremos que abriga o sobreprincípio da segurança jurídica em matéria tributária.[114]

Como sobreprincípio,[115] a segurança jurídica implica uma visão axiológica convergente da legalidade, da irre-

---

[114] CARVALHO, Paulo de Barros, *RDT* 61/89.

[115] Assim também entende HUMBERTO BERGMANN ÁVILA: "Na perspectiva da sua dimensão enquanto limitação ao poder de tributar, a segurança jurídica

troatividade e das anterioridades de exercício e nonagesimal mínima e especial, assumindo implicações necessárias na revelação da potencialidade normativa de tais garantias.

Aliomar Baleeiro destacava o papel dos princípios, mesmo implícitos, na atribuição do nexo comum a um grupo de preceitos: "Eliminando as particularidades de cada regra para fixar-se no nexo comum a um grupo delas, o direito cria os princípios, cujo império sobre os pretórios é imenso, ainda quando não estejam expressos em uma só disposição de determinado sistema".[116]

Geraldo Ataliba apontava o valor dos princípios fundamentais na interpretação dos demais princípios e regras da própria Constituição:

> [...] o grande valor prático dos princípios da Constituição, dos princípios fundamentais, é que eles nos dão orientação para interpretar os outros princípios e para interpretar as regras da própria Constituição. Então o princípio é uma diretriz para o intérprete. Diretriz aponta um rumo. Então, quando por exemplo o Art. 1º diz que o Brasil é uma Federação ou uma República, não posso interpretar nenhuma regra e nenhum princípio de modo a que negue a Federação ou a República, que caminhe num sentido negador da Federação ou da República. Se é princípio a capacidade contributiva – e é –, evidentemente que eu não posso interpretar nenhum preceito constitucional, nenhuma lei de imposto também, que negue a capacidade contributiva. Se é princípio a progressividade, sou obrigado a interpretar a lei levando à progressividade. E se, por acaso, vou descobrindo no meu trabalho que não estou caminhando naquele sentido, estou errado, porque tenho que conformar a minha tarefa às exigências dos princípios. Princípio é um começo de caminhada, mas é um rumo claríssimo para todos os intérpretes, a partir do primeiro intérprete da Constituição que é o legislador; e o último é o juiz. Pois bem, todos os intérpretes, desde o primeiro até os intermediários que somos nós ou a administração pública, até o juiz que é o último, têm que interpretar seguindo o caminho, o rumo apontado pelos princípios.[117]

---

qualifica-se preponderantemente do seguinte modo: quanto ao nível em que se situa, caracteriza-se como uma limitação de primeiro grau, porquanto se encontra no âmbito das normas que serão objeto de aplicação, devendo enfatizar-se, ainda, que atua sobre outras normas, podendo, por isso mesmo, ser qualificada como sobreprincípio;" (*Sistema...*, p. 195)

[116] BALEEIRO, Aliomar. *Direito Tributário Brasileiro*. Forense, 10ª edição, 1991, p. 438.

[117] ATALIBA, Geraldo. Periodicidade do Imposto de Renda I, Mesa de Debates. *Revista de Direito Tributário* nº 63. São Paulo: Malheiros, p. 35.

Raul Machado Horta, por sua vez, se refere aos princípios fundamentais como tendo a função de supremo critério interpretativo das disposições constitucionais. Senão vejamos:

> Os princípios constitucionais, de modo geral, na lição coincidente de Sanchez Agesta e Alessandro Pizzorusso, são fontes do Direito. A eficácia irradiante dos princípios, notadamente dos princípios fundamentais, foi assinalada por Mortati, na sua função de supremo critério interpretativo das disposições constitucionais, quando o princípio adquire o relevo de supernorma.[118]

Cuidaremos, aqui, de abordar a extensão em que o princípio da segurança jurídica, no que diz respeito à certeza do direito, se põe em matéria tributária.

15. Os diversos conteúdos da segurança jurídica em matéria tributária e a aplicação das garantias constitucionais genéricas

Em cada ramo do Direito, a segurança jurídica se apresenta colocada com algumas peculiaridades. Conforme Luís Roberto Barroso, "cada domínio do Direito tem um conjunto de normas voltadas para a segurança jurídica, muitas com matriz constitucional".[119]

Héctor B. Villegas destaca que a afirmação da segurança jurídica dos contribuintes é mesmo a finalidade do Direito Tributário: "Modernamente, diversos autores, principalmente alemanes, han sostenido com énfasis la Idea de que la finalidad del derecho tributario em definitiva, debe ser la de realzar la seguridad jurídica de los contribuyentes".[120]

Esta colocação quanto a ser a segurança a própria finalidade do Direito Tributário merece críticas, atualmente, na medida em que o Estado é instituído pela sociedade para desempenhar funções do interesse desta

---

[118] HORTA, Raul Machado. Direito Constitucional. 4ª ed. revista e atualizada. Belo Horizonte: Del Rey, 2003, p. 196.
[119] BARROSO. In. CÁRMEN. Op. cit., p. 139/140.
[120] VILLEGAS, Héctor. Principio... p. 9.

mesma sociedade, sendo a tributação o modo de viabilizar o custeio das atividades necessárias e desejadas. Não se trata, pois, de um mal necessário que deva ser restringido, mas de um instrumento para a própria preservação da liberdade e da propriedade, para a promoção de valores importantes para a sociedade e para a efetivação de direitos sociais.[121] A visão simplista de um Direito Tributário sob a perspectiva meramente protetiva não se coaduna com o papel que assume num Estado de Direito Democrático.

De qualquer modo, e ainda que haja, atualmente, profunda preocupação com as finalidades da tributação, com a justiça tributária[122] e com a solidariedade,[123] a segurança, que sempre figurou no estudos de Economia Política como um dos valores fundamentais a serem buscados pelos sistemas tributários, persiste sendo de primordial importância.

Aliomar Baleeiro lembra que "Boisguillebert, Pietro Verri e Justi formularam máximas de sabedoria fiscal, segundo as quais deveriam ser organizados os impostos e, portanto, os sistemas tributários" e que "Adam Smith condensou-as em quatro regras fundamentais, repetidas até hoje, em quase todos os livros sobre a matéria. São os chamados 'cânones' de Adam Smith: a) justiça; b) certeza; c) comodidade; e d) economia".[124]

---

[121] Vide: MURPHY, Liam; NAGEL, Thomas. The Myth of Ownership, New York: Oxford, 2002; HOLMES, Stephen; SUNSTEIN, Cass. R. The Cost of Rights; Why Liberty Depends on Taxes. New York/Lodon: W. W. Norton & Company, Inc., 1999.

[122] DOUGLAS YAMASHITA, em Limitações Constitucionais ao Poder de Tributar, in AMARAL, Antônio Carlos Rodrigues do (coord). Curso de Direito Tributário, parte do princípio do Estado Democrático de Direito para reuni-las sob a égide de princípios de segurança jurídica (legalidade estrita, irretroatividade, anterioridade), de justiça (principalmente a isonomia segundo a capacidade contributiva) e de liberdade (certas imunidades). São Paulo: Celso Bastos Editor, 2002, p. 67.

[123] GRECO, Marco Aurélio. *Solidariedade Social e Tributação*. São Paulo: Dialética, 2005.

[124] BALEEIRO, Aliomar. *Uma Introdução à Ciência das Finanças*. Rio de Janeiro: Forense, 1990, p. 221.

Também José Juan Ferreiro Lapatza retoma a obra de Adam Smith,[125] [126] de 1776, *In inquiry into the Nature and Causes of the Wealth of Nations*, para ressaltar que a segurança jurídica é o aspecto jurídico do princípio smithiano da certeza:

> Pus, digámoslo ya ahora, la seguridad jurídica entendida, com palabras de Henkel, "como exigência dirigida al derecho positivo de crear, dentro de su campo y com sus medios, certeza ordenadora", certidumbre jurídica, certeza jurídica del sometido al derecho respecto a sua obrigaciones y derechos y a lãs consecuencias de su actuación, no es más que el aspecto más puramente jurídico, la versión jurídica del principio smithiano de la certeza.[127]

A concretização do princípio da segurança jurídica no Direito Tributário dá-se de várias formas.

Ricardo Lobo Torres destaca os seguintes princípios e subprincípios tributários como vinculados à segurança jurídica: Legalidade (superlegalidade, reserva da lei, primado da lei), tipicidade (tipicização, determinação do fato gerador, conformidade com o fato gerador), irretroatividade, proibição de analogia, anterioridade e anualidade, prote-

---

[125] Também DINO JARAH: "El impuesto que cada individuo está obligado a pagar debe ser cierto y no arbitrário. El tiempo, la manera y la cantidad del pago deben ser claros y simples para el contribuyente y para cualquier outra persona. A este segundo principio corresponde, em la realidad de los Estados constitucionales, el principio de la legalidad Del impuesto y la exclusión de la discricionalidad de la administración racaudadora. El próprio A. Smith acota que si así no fuere, cada persona sujeita al impuesto quedría más o menos em poder Del recaudador, quien podría agravar el impuesto a cargo de cualquier contribuyente cíctima o bien extorsionar-lo, com la amenaza de tal agravación, para obtyener algún regalo o beneicio para sí." (JARAH, Dino. *Finanzas Públicas y Drecho Tributário*. 3ª ed. Buenos Aires: Abeledo-Perrot, 1996, p. 8)

[126] Igualmente, HÉCTOR B. VILLEGAS: "Según Adam Smith, el tributo que cada persona está obligada a pagar debe ser cierto y no arbitrário. La fecha y la forma de pago, así como también la cantidad a pagar, deben ser claras y precisas, tanto para el contribuyente como para cualquier outra persona. 'La certidumbre de lo que cada individuo deberá pagar em concepto de tributo, es uma cuestión de tan grande importância – y así parece deducirse de la experiência de todas las naciones – que um grado muy considerable de desigualdad produce menos efectos dañinos que um grado muy pequeno de incertidumbre' (autor cit., *Investigación...*, Barcelona, 1933, libro 5°, cap. II, parte 1). Es decir, Smith querís desterrar la arbitrariedad, especialmente em lo que respecta a la cuantía y fecha Del pago, lo cual era tan importante que, em su opinión, ni siquiera unas considerables proporciones de 'inequality' eran um mal tal execrable como um pequeno grado de inseguridad." (VILLEGAS, Héctor B. *Manual de Finanzas Públicas*. Buenos Aires: Depalma, 2000, p. 194/195)

[127] LAPATZA, RDT 61/10.

ção da confiança do contribuinte (irrevisibilidade do lançamento, inalterabilidade do lançamento, irrevogabilidade das isenções onerosas).[128]

Souto Maior Borges destaca, igualmente, a pluralidade de aplicações da segurança jurídica em matéria tributária,

[...] a segurança postula, para a sua efetividade, uma especificação, uma determinação dos critérios preservadores dela própria, no interior do ordenamento jurídico. [...] quais os valores que a segurança jurídica busca preservar, no âmbito do sistema constitucional tributário? A irretroatividade? A legalidade? A isonomia? A efetividade da jurisdição tributária, administrativa ou judicial? Tudo isso junto e muito mais que isso.[129]

De fato, todo o conteúdo normativo do princípio da segurança jurídica se projeta na matéria tributária.

Podemos vislumbrá-lo como garantidor da intangibilidade das posições jurídicas, por exemplo, no que diz respeito à consideração da formalização de um parcelamento de dívida tributária como ato jurídico perfeito, a vincular o contribuinte e o ente tributante, gerando todos os efeitos previstos nas normas gerais de Direito Tributário, como a suspensão da exigibilidade do crédito tributário[130] e o conseqüente direito a certidões negativas de débito.[131] Já no caso das isenções onerosas, cumpridas as condições, surge para o contribuinte direito adquirido ao gozo do benefício pelo prazo previsto em lei. Aliás, o Código Tributário Nacional – CTN – traz regras expressas nesse sentido em seu art. 178, impedindo a revogação ou modificação da isenção a qualquer tempo quando concedida por prazo certo e em função de determinadas condições.[132] Nesses

---

[128] TORRES, Ricardo Lobo. *A Segurança Jurídica...*, p. 443.

[129] BORGES, Souto Maior. Princípio da Segurança Jurídica na Criação e Aplicação do Tributo, *RDT* nº 63, . São Paulo: Malheiros, 1997, p. 206.

[130] Art. 151, VI, do CTN: Suspendem a exigibilidade do crédito tributário: VI – o parcelamento. (Incluído pela LC nº 104, de 10.1.2001)

[131] Art. 206 do CTN: Tem os mesmos efeitos previstos no artigo anterior a certidão de que conste a existência de créditos não vencidos, em curso de cobrança executiva em que tenha sido efetivada a penhora, ou cuja exigibilidade esteja suspensa.

[132] Art. 178 do CTN: A isenção, salvo se concedida por prazo certo e em função de determinadas condições, pode ser revogada ou modificada por lei, a qualquer tempo, observado o disposto no inciso III do art. 104. (Redação dada pela Lei Complementar nº 24, de 7.1.1975).

casos, inclusive, é aplicável a garantia estampada no art. 5º, XXXVI, da CF.

A garantia de estabilidade das situações jurídicas também se evidencia nos arts. 150, § 4º,[133] 173[134] e 174[135] do CTN ao estabelecerem prazos decadenciais (para a constituição de créditos tributários) e prescricionais (para a exigência compulsória dos créditos) a correrem contra o Fisco, bem como no art. 168 do CTN[136] em combinação com o art. 3º da LC 118/04,[137] que estabelece prazo decadencial contra o contribuinte, dentro do qual deve exercer seu direito ao ressarcimento de indébito tributário por compensação ou repetição.

---

[133] Art. 150, § 4º, do CTN: O lançamento por homologação, que ocorre quanto aos tributos cuja legislação atribua ao sujeito passivo o dever de antecipar o pagamento sem prévio exame da autoridade administrativa, opera-se pelo ato em que a referida autoridade, tomando conhecimento da atividade assim exercida pelo obrigado, expressamente a homologa. [...] § 4º Se a lei não fixar prazo a homologação, será ele de cinco anos, a contar da ocorrência do fato gerador; expirado esse prazo sem que a Fazenda Pública se tenha pronunciado, considera-se homologado o lançamento e definitivamente extinto o crédito, salvo se comprovada a ocorrência de dolo, fraude ou simulação.

[134] Art. 173 do CTN: O direito de a Fazenda Pública constituir o crédito tributário extingue-se após 5 (cinco) anos, contados: I – do primeiro dia do exercício seguinte àquele em que o lançamento poderia ter sido efetuado; II – da data em que se tornar definitiva a decisão que houver anulado, por vício formal, o lançamento anteriormente efetuado. Parágrafo único. O direito a que se refere este artigo extingue-se definitivamente com o decurso do prazo nele previsto, contado da data em que tenha sido iniciada a constituição do crédito tributário pela notificação, ao sujeito passivo, de qualquer medida preparatória indispensável ao lançamento.

[135] Art. 174 do CTN: A ação para a cobrança do crédito tributário prescreve em cinco anos, contados da data da sua constituição definitiva. Parágrafo único. A prescrição se interrompe: I – pelo despacho do juiz que ordenar a citação em execução fiscal; (Redação dada pela LC nº 118, de 2005) II – pelo protesto judicial; III – por qualquer ato judicial que constitua em mora o devedor; IV – por qualquer ato inequívoco ainda que extrajudicial, que importe em reconhecimento do débito pelo devedor.

[136] Art. 168 do CTN: O direito de pleitear a restituição extingue-se com o decurso do prazo de 5 (cinco) anos, contados: I – nas hipóteses dos incisos I e II do artigo 165, da data da extinção do crédito tributário; II – na hipótese do inciso III do artigo 165, da data em que se tornar definitiva a decisão administrativa ou passar em julgado a decisão judicial que tenha reformado, anulado, revogado ou rescindido a decisão condenatória.

[137] Art. 3º da LC 118/05: Para efeito de interpretação do inciso I do art. 168 da Lei nº 5.172, de 25 de outubro de 1966 – Código Tributário Nacional, a extinção do crédito tributário ocorre, no caso de tributo sujeito a lançamento por homologação, no momento do pagamento antecipado de que trata o § 1º do art. 150 da referida Lei.

A proteção à confiança do contribuinte,[138] por sua vez, fundamenta, por exemplo, o art. 100 do CTN,[139] que estabelece que a observância das normas complementares das leis e dos decretos (atos normativos, decisões administrativas com eficácia normativa, práticas reiteradamente observadas pelas autoridades administrativas e convênios entre os entes políticos) exclui a imposição de penalidades e a cobrança de juros de mora e inclusive a atualização do valor monetária da base de cálculo do tributo. O art. 146 do CTN,[140] igualmente resguarda a confiança do contribuinte, mas quanto a mudanças nos critérios jurídicos adotados pela autoridade administrativa para fins de lançamento.[141] [142]

[138] "O princípio da proteção da confiança do contribuinte emana do próprio princípio da boa fé. Significa que a Administração não pode prejudicar os interesses do contribuinte, se este agiu na conformidade das regras então vigentes (art. 100, parágrafo único). Mescla-se também com o princípio da inalterabilidade do critério jurídico com relação aos fatos ocorridos anteriormente à introdução de nova interpretação (art. 146 do CTN)." (TORRES, Ricardo Lobo. *Curso de Direito Financeiro e Tributário*. 7ª ed. São Paulo: Renovar, 2000, p. 104)

[139] CTN: "Art. 100. São normas complementares das leis, dos tratados e das convenções internacionais e dos decretos: I – os atos normativos expedidos pelas autoridades administrativas; II – as decisões dos órgãos singulares ou coletivos de jurisdição administrativa, a que a lei atribua eficácia normativa; III – as práticas reiteradamente observadas pelas autoridades administrativas; IV – os convênios que entre si celebrem a União, os Estados, o Distrito Federal e os Municípios. Parágrafo único. A observância das normas referidas neste artigo exclui a imposição de penalidades, a cobrança de juros de mora e a atualização do valor monetário da base de cálculo do tributo."

[140] Art. 146 do CTN: A modificação introduzida, de ofício ou em conseqüência de decisão administrativa ou judicial, nos critérios jurídicos adotados pela autoridade administrativa no exercício do lançamento somente pode ser efetivada, em relação a um mesmo sujeito passivo, quanto a fato gerador ocorrido posteriormente à sua introdução.

[141] O art. 146 do CTN positiva, em nível infraconstitucional, a necessidade de *proteção da confiança do contribuinte* na Administração Tributária, abarcando, de um lado, a impossibilidade de retratação de atos administrativos concretos que implique prejuízo relativamente a situação consolidada à luz de critérios anteriormente adotados e, de outro, a irretroatividade de atos administrativos normativos quando o contribuinte confiou nas normas anteriores.

[142] "A inspiração para a norma transcrita buscou-a o legislador no direito germânico. Em sua nova versão, estampada no art. 176 do Código de 1977 (Abgabenordnung 77), aquela regra, sob o título de 'proteção da confiança nas hipótese de anulação e alteração de lançamento' (*Vertrauensschutz bei der Aufhebung und Änderung Von Steuerbescheiden*), tem o seguinte teor: 'Na anulação ou alteração de ato de lançamento notificado, não pode ser considerado em detrimento do contribuinte o fato de 1 – a Corte Constitucional Federal declarar a nulidade de uma lei, emq eu até então se baseava o lançamento; 2 – um tribunal superior federal não aplicar uma norma em que até então se baseava o lança-

Mesmo a título de proteção à boa-fé,[143] tem-se a proteção do contribuinte em casos de circulação de bens importados sem o pagamento dos tributos devidos.[144] Temos, em todos esses casos, a garantia da confiança no tráfego jurídico.

Note-se, ainda, a ampla gama de instrumentos processuais colocados à disposição do contribuinte para o questionamento de créditos tributários, tanto na esfera administrativa, através, principalmente, do Decreto nº 70.235/72 (o chamado processo administrativo fiscal, que assegura direito à impugnação e recursos), como na esfera judicial, destacando-se a amplitude que se reconhece ao mandado de segurança em matéria tributária[145] e os meios

---

mento, por considerá-la inconstitucional; 3 – ter-se alterado a jurisprudência de um tribunal superior a qual havia sido aplicada pela autoridade fiscal nos lançamentos anteriores'. [...] no art. 146, protege-se contra a mudança, com efeito retroativo, do critério individualmente utilizado no lançamento relativo a um mesmo sujeito passivo, para proteger a boa-fé do contribuinte. A norma do art. 146 [...] complementa a irrevisibilidade por erro de direito regulada pelos artigos 145 e 149. Enquanto o art. 149 exclui o erro de direito dentre as causas que permitem a revisão do lançamento anterior feito contra o mesmo contribuinte, o art. 146 proíbe a alteração do critério jurídico geral da Administração aplicável ao mesmo sujeito passivo com eficácia para os fatos pretéritos." (TORRES, Ricardo Lobo. O Princípio da Proteção da Confiança do Contribuinte. *RFDT* 06/09, dez/2003)

[143] De Plácido e Silva, em seu *Vocabulário Jurídico*, vols. I e II, 1990, p. 326: "BOA-FÉ. Sempre se teve boa-fé no sentido de expressar a intenção pura, isenta de dolo ou engano, com que a pessoa realiza o negócio ou executa o ato, certa de que está agindo na conformidade do direito, conseqüentemente, protegida pelos preceitos legais. Dessa forma, quem age de boa-fé, está capacitado de que o ato de que é agente, ou do qual participa está sendo executado dentro do justo e do legal."

[144] "PROCESSUAL CIVIL E TRIBUTÁRIO [...] MERCADORIA APREENDIDA. ADQUIRENTE DE BOA-FÉ. PENA DE PERDIMENTO. INAPLICABILIDADE. PRECEDENTES. 1. Agravo Regimental interposto contra decisão que negou provimento ao agravo de instrumento da parte agravante, para afastar a pena de perdimento, tendo em vista a boa-fé na aquisição do veículo importado apreendido. 2. A aquisição, no mercado interno, de mercadoria importada, mediante nota fiscal emitida por firma regularmente estabelecida, gera a presunção de boa-fé do adquirente, cabendo ao Fisco a prova em contrário. 3. A pena de perdimento não pode se dissociar do elemento subjetivo (inexiste na espécie), tampouco desconsiderar a boa-fé do adquirente. O comprador de mercadoria exposta em loja sujeita à fiscalização, não pode ser obrigado a investigar o modo como ela entrou no país. 4 [...] 5. Precedentes desta Corte Superior. 6. Agravo regimental não provido." (STJ, 1ª T., unânime, AGRGAI 493.350/RJ, rel. Min. José Delgado, ago/2003)

[145] Vide, por exemplo: MACHADO, Hugo de Brito. *Mandado de Segurança em Matéria Tributária*. 3ª ed. São Paulo: Dialética, 1998; ALVIM, Eduardo Arruda. *Mandado de Segurança no Direito Tributário.*São Paulo: RT, 1998.

específicos para a dedução de direitos em juízo, como a ação anulatória prevista no art. 40 da LEF e as ações consignatória e de repetição de indébito tributário, disciplinadas, respectivamente, nos arts. 164[146] e 165[147] do CTN. Em se tratando de acesso à jurisdição, remédios e garantias processuais, impende considerar, ainda, que têm plena aplicação também em matéria tributária, dentre outros, os incisos XXXV, LIV, LV, LVI, LXIX e LXX[148] [149]

---

[146] Art. 164 do CTN: A importância de crédito tributário pode ser consignada judicialmente pelo sujeito passivo, nos casos: I – de recusa de recebimento, ou subordinação deste ao pagamento de outro tributo ou de penalidade, ou ao cumprimento de obrigação acessória; II – de subordinação do recebimento ao cumprimento de exigências administrativas sem fundamento legal; III – de exigência, por mais de uma pessoa jurídica de direito público, de tributo idêntico sobre um mesmo fato gerador. § 1º A consignação só pode versar sobre o crédito que o consignante se propõe pagar. § 2º Julgada procedente a consignação, o pagamento se reputa efetuado e a importância consignada é convertida em renda; julgada improcedente a consignação no todo ou em parte, cobra-se o crédito acrescido de juros de mora, sem prejuízo das penalidades cabíveis.

[147] Art. 165 do CTN: O sujeito passivo tem direito, independentemente de prévio protesto, à restituição total ou parcial do tributo, seja qual for a modalidade do seu pagamento, ressalvado o disposto no § 4º do artigo 162, nos seguintes casos: I – cobrança ou pagamento espontâneo de tributo indevido ou maior que o devido em face da legislação tributária aplicável, ou da natureza ou circunstâncias materiais do fato gerador efetivamente ocorrido; II – erro na edificação do sujeito passivo, na determinação da alíquota aplicável, no cálculo do montante do débito ou na elaboração ou conferência de qualquer documento relativo ao pagamento; III – reforma, anulação, revogação ou rescisão de decisão condenatória.

[148] CRFB: "Art. 5º [...] XXXV – a lei não excluirá da apreciação do Poder Judiciário lesão ou ameaça a direito; [...] LIV – ninguém será privado da liberdade ou de seus bens sem o devido processo legal; LV – aos litigantes, em processo judicial ou administrativo, e aos acusados em geral são assegurados o contraditório e ampla defesa, com os meios e recursos a ela inerentes; LVI – são inadmissíveis, no processo, as provas obtidas por meios ilícitos; [...] LXIX – conceder-se-á mandado de segurança para proteger direito líquido e certo, não amparado por "habeas-corpus" ou "habeas-data", quando o responsável pela ilegalidade ou abuso de poder for autoridade pública ou agente de pessoa jurídica no exercício de atribuições do Poder Público; LXX – o mandado de segurança coletivo pode ser impetrado por: a) partido político com representação no Congresso Nacional; b) organização sindical, entidade de classe ou associação legalmente constituída e em funcionamento há pelo menos um ano, em defesa dos interesses de seus membros ou associados;"

[149] Sobre o art. 5º, XXXV: "[...] o precitado inciso garante a ação, isto é, o direito – insuscetível de restrição ou supressão por qualquer norma infraconstitucional – de postular em juízo, com todos os seus consectários: direito à citação regular, direito ao contraditório (direito de defesa), direito ao juiz competente (juiz natural), direito ao devido processo legal (due process of law) etc. [...] Alessandro Pace, emérito professor da Universidade de Roma, com precisão observa: 'Quando se alude à 'tutela jurisdicional', como a garantia mais importante dos direitos, o

do art. 5º da Constituição.[150] Evidencia-se, assim, a segurança jurídica enquanto tutela jurisdicional.

Objeto deste trabalho, contudo, é centrar a atenção no princípio da segurança jurídica enquanto certeza do direito relativamente à instituição e à majoração de tributos, que se concretiza nas garantias da legalidade, da irretroatividade e das anterioridades de exercício e nonagesimais mínima e especial, demonstrando a garantia adicional que representam para o contribuinte se comparadas ao princípio geral da legalidade e às garantias gerais de proteção ao direito adquirido, ao ato jurídico perfeito e à coisa julgada, estampados no art. 5º da CRFB.

16. A concretização constitucional da certeza do direito em matéria tributária

A CRFB cuida da segurança tributária, de modo muito especial, ao estabelecer limitações ao poder de tributar, dentre as quais se inserem as que visam essencialmente a garantir ao contribuinte a certeza do direito.

Dispõe o seu art. 150:

TÍTULO VI
Da Tributação e do Orçamento
CAPÍTULO I
DO SISTEMA TRIBUTÁRIO NACIONAL
[...]
Seção II
DAS LIMITAÇÕES DO PODER DE TRIBUTAR

---

discurso não pode limitar-se, obviamente, ao mero 'acesso à jurisdição'. Se não existissem específicas técnicas de garantia (independência da função jurisdicional, imparcialidade do magistrado, motivação da decisão, direito à prova, princípio do contraditório etc.), o recurso à 'Justiça' não se distinguiria do recurso a qualquer outro órgão público'." (CARRAZA. Curso..., p. 407/408)

[150] "A segurança jurídica impõe, outrossim, que a lei garanta a todos os contribuintes o livre acesso ao Poder Judiciário. Eles devem receber da lei meios efetivos para, a qualquer tempo, postular, querendo, a tutela deste Poder, a fim de que ele decida se um direito subjetivo foi ou está na iminência de ser lesado. [...] Em suma, o contribuinte tem a assisti-lo o direito de, a qualquer tempo, ir ao Judiciário para que este Poder decida, com imparcialidade, se as exigências do Fisco encontram, ou não, acústica na Constituição e nas leis." (CARRAZA. Curso..., p. 407/408)

Art. 150. Sem prejuízo de outras garantias asseguradas ao contribuinte, é vedado à União, aos Estados, ao Distrito Federal e aos Municípios:
I – exigir ou aumentar tributo sem lei que o estabeleça;
II – [...]
III – cobrar tributos:
a) em relação a fatos geradores ocorridos antes do início da vigência da lei que os houver instituído ou aumentado;
b) no mesmo exercício financeiro em que haja sido publicada a lei que os instituiu ou aumentou;
c) antes de decorridos noventa dias da data em que haja sido publicada a lei que os instituiu ou aumentou, observado o disposto na alínea b;
IV – [...] [151] [152]

Cuidando especificamente do custeio da seguridade social, dispõe, ainda, o art. 195:

TÍTULO VIII
Da Ordem Social
[...]
CAPÍTULO II
DA SEGURIDADE SOCIAL
Seção I
DISPOSIÇÕES GERAIS
[...]
Art. 195. A seguridade social será financiada por toda a sociedade, de forma direta e indireta, nos termos da lei, mediante recursos provenientes dos orçamentos da União, dos Estados, do Distrito Federal e dos Municípios, e das seguintes contribuições sociais:
[...]

---

[151] BRASIL. CRFB de 1988. Disponível em: www.planalto.gov.br. Acesso em: 20 de agosto de 2005.
[152] As demais limitações visam à justiça tributária (isonomia, vedação do confisco), à proteção do regime federativo, da liberdade de crença e de comunicação, bem como a finalidades sociais (imunidades): "Art. 150 [...] I [...] II – instituir tratamento desigual entre contribuintes que se encontrem em situação equivalente, proibida qualquer distinção em razão de ocupação profissional ou função por eles exercida, independentemente da denominação jurídica dos rendimentos, títulos ou direitos; III [...] IV – utilizar tributo com efeito de confisco; V – estabelecer limitações ao tráfego de pessoas ou bens, por meio de tributos interestaduais ou intermunicipais, ressalvada a cobrança de pedágio pela utilização de vias conservadas pelo Poder Público; VI – instituir impostos sobre: a) patrimônio, renda ou serviços, uns dos outros; b) templos de qualquer culto; c) patrimônio, renda ou serviços dos partidos políticos, inclusive suas fundações, das entidades sindicais dos trabalhadores, das instituições de educação e de assistência social, sem fins lucrativos, atendidos os requisitos da lei; d) livros, jornais, periódicos e o papel destinado a sua impressão. § 1º [...]"

§ 6º – As contribuições sociais de que trata este artigo só poderão ser exigidas após decorridos noventa dias da data da publicação da lei que as houver instituído ou modificado, não se lhes aplicando o disposto no art. 150, III, b.

Vê-se, de pronto, que tanto a legalidade como a irretroatividade e as anterioridades são estabelecidas relativamente à exigência, cobrança ou instituição de tributos e ao seu aumento ou modificação.

A par disso, tais dispositivos constitucionais têm como referência a lei para a afirmação das garantias, proibindo a instituição ou majoração de tributos senão através de lei, vedando a sua retroatividade, considerada a vigência como marco, e mesmo impedindo a incidência imediata da lei ante a exigência de interstício entre sua publicação e sua incidência.

De fato, o estabelecimento de limitações especificas à instituição e à majoração de tributos nesses dispositivos, de modo a que o contribuinte tenha conhecimento das imposições tributárias a que se sujeita mediante lei em sentido estrito, conhecida previamente e em vigor com antecedência, volta-se a assegurar a *certeza do direito*.

E tão íntima é a relação entre as três garantias que Cezar Saldanha Souza Junior afirma que se ajusta à segurança jurídica o tributo que, instituído por lei, tenha cunho prospectivo (irretroatividade) e seja cobrado com observância à anterioridade.[153]

A legalidade, a irretroatividade e a anterioridade atuam, pois, conjuntamente na realização da certeza do direito em matéria tributária, conforme o regime estabelecido constitucionalmente.

17. O conteúdo qualificado da certeza do direito em matéria tributária na Constituição da República Federativa do Brasil de 1988

No âmbito do Direito Tributário, a segurança jurídica, no que diz respeito ao seu conteúdo de certeza do direito,

---
[153] SOUZA JUNIOR, Cezar Saldanha. *Direito Constitucional Tributário: Questões Controvertidas*. Porto Alegre: C.S. Souza Junior, 2002, p. 99.

apresenta-se de modo a assegurar ainda maior completitude e previsibilidade do direito se comparado às demais searas de regulamentação das relações com a Administração ou mesmo privadas. Tal resta revelado na extensão e rigidez das garantias dadas ao contribuinte.

A CRFB não admite que a instituição e a majoração de tributos ocorram mediante simples base ou previsão legal, exigindo, diferentemente, que o seu veículo seja, com exclusividade, a lei em sentido formal, daí advindo a noção de reserva absoluta ou legalidade estrita em matéria tributária.

No que diz respeito às questões de direito intertemporal, por sua vez, a CRFB também não se limita a proteger o contribuinte com as garantias genéricas de proteção do direito adquirido, do ato jurídico perfeito e da coisa julgada. Vai muito além do resguardo de tais posições jurídicas já estabelecidas para preservar o contribuinte, ainda, contra toda e qualquer instituição ou majoração de tributo relativamente a fatos ocorridos anteriormente ao início da vigência da nova lei.

A Constituição estabelece, ainda, uma garantia adicional aos contribuintes, qual seja, a de conhecer com antecedência os ônus tributários que irão gravar os atos que praticar. Cuida-se de garantia exclusivamente tributária a que se tem denominado de anterioridade da lei tributária impositiva.

Quanto a esta garantia, aliás, importa notar que, quando do advento da Constituição Federal de 1988, desdobrava-se em duas regras, uma geral e uma especial, quais sejam: de um lado, a do necessário interstício até o início do exercício seguinte ao da publicação da nova lei para que pudesse incidir gerando obrigações quanto aos tributos em geral; de outro, o do necessário interstício de noventa dias relativamente às contribuições de seguridade social. Com a Emenda Constitucional n° 42, de dezembro de 2003, a garantia geral foi ampliada para que se passasse a exigir, simultaneamente ao requisito da virada do exercício, o interstício mínimo de noventa dias para quaisquer tributos, salvo as exceções expressamente previstas na própria Constituição.

Tem-se, pois, um conteúdo qualificado da certeza do direito relativamente à instituição e à majoração de tributos, verificando-se, inclusive, uma tendência de intensificação das garantias, pois o texto original da Constituição de 1988 inovou na matéria (a Constituição de 1967 com a Emenda Constitucional nº 1/69 incluía dentre as atenuações à legalidade para impostos específicos a alteração não só da alíquota, mas também da base de cálculo, poder este não mais concedido ao Executivo, além do que não estabelecia a irretroatividade, que passou a constituir garantia expressa) e, como visto, foi seguido do acréscimo da anterioridade nonagesimal mínima através de emenda constitucional em 2003.

18. A importância da certeza do direito para a verificação do alcance efetivo das garantias da legalidade, da irretroatividade e da anterioridade em casos difíceis e a possibilidade de revisão da jurisprudência

A compreensão das garantias[154][155] dos arts. 150, I, *a*, 150, III, *a*, *b* e *c*, e 195, § 6º, da CRFB como efetivadoras

---

[154] A legalidade, a irretroatividade e a anterioridade tributárias cumprem função garantidora do indivíduo relativamente às pretensões tributárias do Estado. Não são, em si, direitos a serem gozados ou fruídos pelo indivíduo, mas uma proteção contra a arbitrariedade e a surpresa.

[155] PAULO BONAVIDES, após extenso resgate das diferenças apontadas pela doutrina nacional e estrangeira, ressalta a precisão e clareza meridiana das considerações feitas por JORGE MIRANDA, aderindo às mesmas: "O mais recente contraste talvez tocante a direitos e garantias, da lavra de um constitucionalista de língua portuguesa, é este de Jorge Miranda: "[...] Os direitos representam só por si certos bens, as garantias destinam-se a assegurar a fruição desses bens; os direitos são principais, as garantias são acessórias e, muitas delas, adjetivas (ainda que possam ser objeto de um regime constitucional substantivo); os direitos permitem a realização das pessoas e inserem-se direta e imediatamente, por isso, nas respectivas esferas jurídicas, as garantias só nelas se projetam pelo nexo que possuem com os direitos; na acepção jusracionalista inicial, os direitos declaram-se, as garantias estabelecem-se." O abalizado jurista da Universidade de Lisboa faz, porém, a distinção ainda mais persuasiva e meridiana, quando se socorre daquela categoria de direitos inseparável do Estado liberal: os direitos da liberdade. Escreve: '- As liberdades assentam na pessoa, independentemente do Estado; as garantias reportam-se ao Estado em atividade de relação com a pessoa; – As liberdades são formas de a pessoa agir, as garantias modos de organização ou de atuação do Estado; – As liberdades valem por aquilo que vale

da certeza do direito no que diz respeito à instituição e à majoração de tributos permite que se perceba mais adequadamente o conteúdo normativo de cada uma delas, o que é indispensável à sua aplicação em consonância com o princípio que promovem.

De fato, além de ensejar uma análise que extrapola a perspectiva subjetiva, estabelece a necessidade de se considerar o valor segurança jurídica na identificação do que é dado ao legislador fazer quando do exercício das competências tributárias.

A perspectiva da certeza do direito como fundamento de tais garantias permite que se identifiquem critérios para a análise da sua observância ou não pelo legislador em cada caso.

Assim é que, em se tratando da legalidade, passa-se a trabalhar com o requisito da determinabilidade e a analisar a lei verificando a sua suficiência e, em se tratando da irretroatividade e das anterioridades, não mais se admitem considerações de cunho meramente formal, tendo em conta o necessário caráter prospectivo da norma tributária impositiva e a antecedência a viabilizar a adaptação e o planejamento do contribuinte em face da nova carga.

É fundamental, neste ponto, ter bem presente que não se confundem os dispositivos legais consagradores destas garantias e as normas que deles se pode extrair, pois os dispositivos são tão-somente o texto legal, meramente formal, enquanto a norma é o conteúdo deôntico, a determinação de dever-ser que dele se pode extrair, considerando-o também em face das demais regras e princípios que influem na determinação do seu conteúdo.[156]

Não que a identificação do conteúdo semântico dos dispositivos constitucionais em questão não seja relevante. É importante, mas constitui apenas o ponto de partida

---

a pessoa, as garantias têm valor instrumental e derivado.'" (BONAVIDES, Paulo. *Curso de Direito Constitucional*. 5ª ed. São Paulo: Malheiros, 1994, p. 484)

[156] "Norma é conteúdo de sentido de determinada prescrição normativa, em função do qual é delimitado o que um dado ordenamento jurídico determina, proíbe ou permite." (ÁVILA, Humberto Bergmann. Repensando o "Princípio da Supremacia do Interesse Público sobre o Particular". In *Revista Trimestral de Direito Público* nº 24. p. 162)

para a interpretação e aplicação do dispositivo que devem visar à realização da segurança jurídica.[157]

Verifica-se, pela análise da jurisprudência do Supremo Tribunal Federal, que, em casos fáceis, têm aplicado as garantias de modo adequado.

Assim é que resguarda o contribuinte quanto a tributos instituídos por outras vias legislativas que não a lei em sentido formal ou medida provisória com força de lei, quanto a leis expressamente retroativas e quanto à incidência imediata de novas imposições tributárias. Nesse sentido, quanto à legalidade, é o precedente em que o STF reconheceu a inconstitucionalidade da majoração de custas judiciais e extrajudiciais (taxas de serviço) por Resolução do Tribunal de Justiça do Estado do Paraná, e não por lei formal,[158] bem como os precedentes em que reconheceu

---

[157] HUMBERTO BERGMANN ÁVILA, em seu *Sistema...*, p. 143, destaca: "A proibição de retroatividade deve ser interpretada de acordo com o sobreprincípio da segurança jurídica que lhe é axiologicamente sobrejacente. Nesse sentido, revela-se importante a interpretação da irretroatividade tendo em vista a conexão substancial que deve ser coerentemente intensificada entre o comportamento a ser adotado pelo Poder Público (não tributar fatos já ocorridos integralmente no passado) e os fins de determinabilidade e confiabilidade inerentes ao sobreprincípio da segurança jurídica numa concepção moderna de Estado de Direito." Faz a mesma consideração relativamente à anterioridade, à p. 154, referindo "os fins de previsibilidade e de mensurabilidade".

[158] "DIREITO CONSTITUCIONAL E TRIBUTÁRIO. CUSTAS E EMOLUMENTOS: SERVENTIAS JUDICIAIS E EXTRAJUDICIAIS. AÇÃO DIRETA DE INCONSTITUCIONALIDADE DA RESOLUÇÃO Nº 7, DE 30 DE JUNHO DE 1995, DO TRIBUNAL DE JUSTIÇA DO ESTADO DO PARANÁ: ATO NORMATIVO. 1. Já ao tempo da Emenda Constitucional nº 1/69, julgando a Representação nº 1.094-SP, o Plenário do Supremo Tribunal Federal firmou entendimento no sentido de que 'as custas e os emolumentos judiciais ou extrajudiciais', por não serem preços públicos, 'mas, sim, taxas, não podem ter seus valores fixados por decreto, sujeitos que estão ao princípio constitucional da legalidade (parágrafo 29 do artigo 153 da Emenda Constitucional nº 1/69), garantia essa que não pode ser ladeada mediante delegação legislativa' (RTJ 141/430, julgamento ocorrido a 08/08/1984). 2. Orientação que reiterou, a 20/04/1990, no julgamento do RE nº 116.208-MG. 3. Esse entendimento persiste, sob a vigência da Constituição atual (de 1988), cujo art. 24 estabelece a competência concorrente da União, dos Estados e do Distrito Federal, para legislar sobre custas dos serviços forenses (inciso IV) e cujo art. 150, no inciso I, veda à União, aos Estados, ao Distrito Federal e aos municípios, a exigência ou aumento de tributo, sem lei que o estabeleça. 4. O art. 145 admite a cobrança de 'taxas, em razão do exercício do poder de polícia ou pela utilização, efetiva ou potencial, de serviços públicos específicos e divisíveis, prestados ao contribuinte ou postos a sua disposição'. Tal conceito abrange não só as custas judiciais, mas, também, as extrajudiciais (emolumentos), pois estas resultam, igualmente, de serviço público, ainda que

a inconstitucionalidade da instituição por Portarias, e não por lei formal, de taxa para registro de pessoas físicas e jurídicas no Cadastro Técnico Federal de Atividades Potencialmente Poluidoras ou Utilizadoras de Recursos Ambientais[159] e de taxa para inspeção de importações e exportações de produtos da indústria pesqueira.[160]

Quanto à irretroatividade, o STF reconheceu a inconstitucionalidade do dispositivo de lei que, dispondo sobre a contribuição sobre o faturamento mensal, foi publicada em 29 de novembro de 1995, estabelecendo expressamente sua aplicação desde 1º de outubro de 1995.[161]

---

prestado em caráter particular (art. 236). Mas sempre fixadas por lei. No caso presente, a majoração de custas judiciais e extrajudiciais resultou de Resolução – do Tribunal de Justiça – e não de Lei formal, como exigido pela Constituição Federal. 5. Aqui não se trata de 'simples correção monetária dos valores anteriormente fixados', mas de aumento do valor de custas judiciais e extrajudiciais, sem lei a respeito. 6. Ação Direta julgada procedente, para declaração de inconstitucionalidade da Resolução nº 07, de 30 de junho de 1995, do Tribunal de Justiça do Estado do Paraná." (STF, Plenário, unânime, ADIn 1.444-7, rel. Min. Sydney Sanches, fev/2003)

[159] "AÇÃO DIRETA DE INCONSTITUCIONALIDADE. ARTIGOS 5º, 8º, 9º, 10, 13, § 1º, E 14 DA PORTARIA Nº 113, DE 25.09.97, DO IBAMA. Normas por meio das quais a autarquia, sem lei que o autorizasse, instituiu taxa para registro de pessoas físicas e jurídicas no Cadastro Técnico Federal de Atividades Potencialmente Poluidoras ou Utilizadoras de Recursos Ambientais, e estabeleceu sanções para a hipótese de inobservância de requisitos impostos aos contribuintes, com ofensa ao princípio da legalidade estrita que disciplina, não apenas o direito de exigir tributo, mas também o direito de punir. Plausibilidade dos fundamentos do pedido, aliada à conveniência de pronta suspensão da eficácia dos dispositivos impugnados. Cautelar deferida." (STF, ADINMC 1.823/DF, rel. Min. Ilmar Galvão, 30.4.98).

[160] EMENTA: AÇÃO DIRETA DE INCONSTITUCIONALIDADE. ITEM 5.4 DO ANEXO I DA PORTARIA Nº 62, DE 20.03.2000, DO MINISTÉRIO DO MEIO AMBIENTE. MEDIDA CAUTELAR DEFERIDA. Dispositivo por meio do qual o Ministério do Meio Ambiente, sem lei que o autorizasse, instituiu taxa para inspeção de importações e exportações de produtos da indústria pesqueira, a ser cobrada pelo Instituto Brasileiro do Meio ambiente e dos Recursos Naturais Renováveis - IBAMA, com ofensa ao princípio da legalidade estrita, que disciplina o Direito Tributário. Plausibilidade das alegações de inconstitucionalidade. Medida cautelar deferida. (STF, Tribunal Pleno, unânime, ADI 2247 MC/DF, rel. Min. Ilmar Galvão, julgamento em 13/09/2000, DJ 10/11/2000, p. 00081)

[161] "Julgada procedente em parte ação direta ajuizada pela Confederação Nacional da Indústria – CNI contra a Lei 9.715/98 – resultante da conversão em lei da MP 1.325/96 inicialmente impugnada – que dispõe sobre as contribuições para os Programas de Integração Social e de Formação do Patrimônio do Servidor Público (PIS/PASEP). O Tribunal, por unanimidade, declarou a inconstitucionalidade da expressão aplicando-se aos fatos geradores ocorridos a partir de 1º de outubro de 1995 inscrita no art. 18 da Lei 9.715/98, por ofensa ao princípio da

Por fim, quando da instituição de contribuição social geral sujeita à anterioridade de exercício, o STF reconheceu a inconstitucionalidade da sua incidência já no mesmo ano da sua publicação.[162]

Nos casos difíceis, contudo, em que se cuida, por exemplo, de lei que aponte formalmente todos os aspectos da norma tributária impositiva, mas que não o faça de modo suficiente a ensejar a necessária determinabilidade quanto ao conteúdo da obrigação, ou de leis que digam respeito a tributos com fatos geradores de período ocorridos em parte, as quais acabam atribuindo efeitos jurídico-tributários novos ao passado, o STF não tem realizado abordagem que considere o princípio da segurança jurídica com o conteúdo qualificado que a CRFB lhe atribui e que busque soluções que impliquem a sua promoção.

Ainda que os precedentes sejam fonte do Direito, até porque impõem a norma para os casos concretos e servem de referência quanto à interpretação e aplicação do ordenamento jurídico, não resta impedido, contudo, o seu questionamento e, em sendo o caso, a sua superação.

Note-se que as leis são fontes primárias do direito e nem por isso deixa-se de questioná-las e de afastar as leis

---

irretroatividade das leis, já que se trata de data anterior ao início de vigência da MP 1.212 (D.O. de 29.11.95), primeira da série de medidas provisórias sucessivamente reeditadas pelo Presidente da República. [...] ADIn 1.417-DF, rel. Min. Octávio Gallotti, 2.8.99. (Informativo 156 do STF)

[162] "Ação direta de inconstitucionalidade. Impugnação de artigos e de expressões contidas na Lei Complementar federal nº 110, de 29 de junho de 2001. Pedido de liminar. – A natureza jurídica das duas exações criadas pela lei em causa, neste exame sumário, é a de que são elas tributárias, caracterizando-se como contribuições sociais que se enquadram na sub-espécie 'contribuições sociais gerais' que se submetem à regência do artigo 149 da Constituição, e não à do artigo 195 da Carta Magna. – Não-ocorrência de plausibilidade jurídica quanto às alegadas ofensas aos artigos 145, § 1º, 154, I, 157, II, e 167, IV, da Constituição. – Também não apresentam plausibilidade jurídica suficiente para a concessão de medida excepcional como é a liminar as alegações de infringência ao artigo 5º, LIV, da Carta Magna e ao artigo 10, I, de seu ADCT. – Há, porém, plausibilidade jurídica no tocante à argüição de inconstitucionalidade do artigo 14, *caput*, quanto à expressão 'produzindo efeitos', e seus incisos I e II da Lei Complementar objeto desta ação direta, sendo conveniente, dada a sua relevância, a concessão da liminar nesse ponto. Liminar deferida em parte, para suspender, *ex tunc* e até final julgamento, a expressão 'produzindo efeitos' do *caput* do artigo 14, bem como seus incisos I e II, todos da Lei Complementar federal nº 110, de 29 de junho de 2001." (STF, Plenário, maioria, ADIn 2.568/DF, out/2002) Vide também: ADInMC 2.556/DF.

inconstitucionais. O mesmo cabe fazermos no que diz respeito aos precedentes que, em vez de dar adequada aplicação à Constituição, a violam, desprezando o conteúdo de valor que fundamenta as garantias constitucionais do contribuinte que limitam o poder de tributar.

Aliás, falta na cultura jurídica brasileira, a discussão dos precedentes. A prática da construção das normas no caso concreto, ou seja, da efetiva aplicação do direito, não é suficientemente discutida no que diz respeito aos seus fundamentos e correção.

Ainda que o próprio Estado de Direito e o princípio da segurança jurídica militem em favor da estabilidade das decisões judiciais, dependendo o afastamento da existência de razões suficientemente fortes relacionadas à justiça do caso concreto e às diferenças relativamente ao objeto do precedente,[163] impende considerar que os precedentes que, em vez de darem adequada aplicação à Constituição, a violem, desprezando o conteúdo de valor que fundamenta as garantias constitucionais do contribuinte limitadoras do poder de tributar, merecem eles próprios serem revistos e superados e é justamente o advento de novas composições nos tribunais,[164] em salutar renovação, que enseja tal reflexão.

---

[163] "Como os princípios do Estado de Direito e da Segurança jurídica militam em favor da estabilidade das decisões judiciais, o afastamento dos precedentes depende da existência de razões suficientemente fortes. Nesses casos, o julgador até pode se afastar dos precedentes, mas o afastamento deverá ser um *afastamento argumentado*. Há, portanto, uma *proibição (relativa) de afastamento do precedente (Abweichungsverbot) anteriormente aplicados (Vorlagenpflicht)*. O afastamento dos precedentes irá depender de razões relacionadas à justiça (o caso individual não se encaixa no padrão estabelecido pelo precedente) e à igualdade (sendo o caso a julgar diferente daquele objeto de julgamento pelo precedente merece uma decisão também diferente)." (ÁVILA, Humberto Bergmann. *Sistema...*, p. 10)

[164] Dos onze Ministros do Supremo Tribunal Federal, seis passaram a compor a Corte nos últimos cinco anos: Ministra Ellen Gracie Northfleet (2000), Ministro Gilmar Mendes (2002), Ministro Cezar Peluso (2003), Ministro Carlos Brito (2003), Ministro Joaquim Barbosa (2003) e Ministro Eros Grau (2004).

Segunda Parte

CERTEZA DO DIREITO NA INSTITUIÇÃO DE TRIBUTOS

Capitulo IV
Certeza do Direito e Reserva Legal Absoluta

19. A reserva legal em matéria tributária

Impende distinguirmos a legalidade geral da legalidade tributária.

Todas as Constituições brasileiras, desde a Constituição Imperial,[165] consagraram o garantia geral da legalidade.[166]

---

[165] Constituição Imperial brasileira de 1824: "Art. 179. A inviolabilidade dos Direitos Civis, e Politicos dos Cidadãos Brazileiros, que tem por base a liberdade, a segurança individual, e a propriedade, é garantida pela Constituição do Imperio, pela maneira seguinte. I. Nenhum Cidadão póde ser obrigado a fazer, ou deixar de fazer alguma cousa, senão em virtude da Lei."

[166] A origem da legalidade tributária remonta aos primeiros compromissos que afirmaram o poder político de determinados estamentos relevantes, opondo barreiras à livre ação dos reis. A necessidade de defesa da liberdade e da propriedade foi o motor das reações à arbitrariedade do poder. Em 1215, na Inglaterra, os barões e os religiosos impuseram a Magna Carta ao rei John, procurando conter o seu arbítrio mediante a separação de poderes, sendo que, quanto a imposição de tributos, fizeram estampar o consentimento quanto a três tributos tradicionalmente admitidos (visando ao resgate do Rei e por força da investidura do primeiro filho como cavaleiro e do matrimônio da primeira filha) e a necessidade de um concílio para autorizar a cobrança de outros tributos pelo Rei, incluindo o scutage, montante cobrado pela não prestação do serviço militar, conforme ensina VICTOR UCKMAR na sua obra Princípios Comuns de Direito Constitucional Tributário, 2ª ed., São Paulo, Malheiros, 1999, p. 24/25. Eis o texto da Magna Carta, nos pontos que tocam a tributação: "Nullum scutagium vel auxilium ponatur in regno nostro, nisi per commune consilium regni nostri, nisi ad corpus nostrum redimendum, et primogenitum filium nostrum militem faciendum, et ad filiam nostram primogenitam semel maritandam, et ad hec non fiat nisi racionabile auxilium; simili modo fiat de auxiliis de civitate Londoniarum. [...] Et ad habendum commune consilium regni de auxilio assidendo aliter quam in tribus

casibus predictis, vel de scutagio assidendo, summoneri faciemus archiepiscopos, episcopos, abbates, comites, et majores barones sigillatim per litteras nostras; et preterea d]facieums summoneri in generali per vicecomites et ballivos nostros omnes illos qui de nobis tenent in capite ad certum diem, scilicet ad terminum quadraginta dierum ad minus, et ad certum locum; et in omnibus litteris illius summonicionis causam summonicionis exprimemus; et cic facta summonicione negocium ad diem assignatum procedat secundum consilium illorum qui presentes fuerint, quamvis non omnes summoniti venerint." A versão em inglês traz, nos itens correspondentes: "No scutage nor aid shall be imposed on our kingdom, unless by common counsel of our Kingdom, except for ransoming our person, for mading our eldest son a Knight, and marrying our eldest daughter one time. For theses, only a reosanable aid should be levied. In like manner it shall be done concerning aids from the city of London. [...] And for obtaining the common consent of the kingdom concerning the assessment of an aid (other than in the three cases specified above) or of scutage, we will cause to be summoned the archbischops, bishops, abbots, earls, and greater barons, individually through our letters. Moreover, all others who are our direct tenants, we will cause a general summons to be made by our sheriffs and bailiffs, for a fixed date (namely after the expiry of at least forty days) and at a fixed place. In all such letters of summons we will specify the reason of the summons. And when the summons has thus been made, the business shall proceed on the day appointed, according to the counsel of such as are present, although not all who were summoned have come." Há vários sites em que se pode acessar o texto da Carta Magna e de outros documentos históricos relativos aos direitos humanos, dentre os quais: "http://www.magnacartaplus.org" e "http://www.direitoshumanos.usp.br". As principais enunciações de direito que se sucederam, também cuidaram especificamente da restrição ao poder de tributar mediante imposição da autorização por representantes dos contribuintes. Tal era previsto no Statutum de Tallagio non Concedendo, expedido em 1296 por Eduardo I, incorporado à Petition of Rights, de 1628: "Os lordes espirituais e temporais e os comuns, reunidos em parlamento, humildemente lembram ao rei, nosso soberano e senhor, que uma lei feita no reinado do rei Eduardo I, vulgarmente chamada Statutum de tallagio non concedendo, declarou e estabeleceu que nenhuma derrama ou tributo (tallage or aid) seria lançada ou cobrada neste reino pelo rei ou seus herdeiros sem o consentimento dos arcebispos, bispos, condes, barões, cavaleiros, burgueses e outros homens livres do povo deste reino; que, por autoridade do Parlamento, reunido no vigésimo quinto ano do reinado do rei Eduardo III, foi decretado e estabelecido que, daí em diante, ninguém poderia ser compelido a fazer nenhum empréstimo ao rei contra a sua vontade, porque tal empréstimo ofenderia a razão e as franquias do país; que outras leis do reino vieram preceituar que ninguém podia ser sujeito ao tributo ou imposto chamado benevolence ou a qualquer outro tributo semelhante, que os nossos súditos herdaram das leis atrás mencionadas e de outras boas leis e provisões (statutes)deste reino a liberdade de não serem obrigados a contribuir para qualquer taxa, derrama, tributo ou qualquer outro imposto que não tenha sido autorizado por todos, através do Parlamento. Por todas estas razões, os lordes espirituais e temporais e os comuns humildemente imploram a Vossa Majestade que, a partir de agora, ninguém seja obrigado a contribuir com qualquer dádiva, empréstimo ou benevolence e a pagar qualquer taxa ou imposto, sem o consentimento de todos, manifestado por ato do Parlamento; e que ninguém seja chamado a responder ou prestar juramento, ou a executar algum serviço, ou encarcerado, ou, de uma forma ou de outra molestado ou inquietado, por causa destes tributos ou da recusa em os pagar; e que nenhum homem livre fique sob prisão ou detido por qualquer das formas acima indicadas; e que Vossa Majestade

A CRFB de 5 de outubro de 1988 o faz em seu art. 5º, inciso II:

Art. 5º Todos são iguais perante a lei, sem distinção de qualquer natureza, garantindo-se aos brasileiros e aos estrangeiros residentes no País a inviolabilidade do direito à vida, à liberdade, à igualdade, à segurança e à propriedade, nos termos seguintes:
[...]

---

haja por bem retirar os soldados e marinheiros e que, para futuro, o vosso povo não volte a ser sobrecarregado; e que as comissões para aplicação da lei marcial sejam revogadas e anuladas e que, doravante, ninguém mais possa ser incumbido de outras comissões semelhantes, a fim de nenhum súdito de Vossa Majestade sofrer ou ser morto, contrariamente às leis e franquias do país." (Disponível em http://www.direitoshumanos.usp.br) RICARDO LOBO TORRES, Tratado..., vo. II, p. 403/404, destaca também a "extraordinária precocidade de Portugal e Espanha ao criar os mecanismos jurídicos de limitação do poder fiscal do rei [...] o *Fuero Juzgo*, os forais e as cortes são fontes, instrumentos e instituições iniciais de reconhecimento da liberdade, de afirmação da necessidade do consentimento das forças sociais e de limitação do poder tributário, que já aparecem consolidados no século XII." A Constituição dos Estados Unidos da América, de 1787, estabeleceu inequivocamente o poder do Congresso – e não do Executivo – para estabelecer tributos. Senão vejamos: "The Constitution of the United States of America ARTICLE I [...] SECTION 8. The Congress shall have the power to lay and collect taxes, duties, imposts and excises, to pay the debts and provide for the common defence, and general welfare of the United States; but all duties, imposts and excises shall be uniform throughout the United States [...]" (GULLOP, Floyd G. *The Constitution of the United States: An Introduction*. USA: 1984. Comentando a Seção 8 do Capítulo 1º da Constituição dos EUA, Gullop esclarece, à p. 41: "The 'expressed' powers (powers listed in the Constitution) are: 1. Power to lay (raise) and collect taxes (money used to pay expenses of governmet), duties, imposts (taxes on imports), and excises (taxes on the manufactere, sale, os use of goods within a contry for the purpose of national defense and general welfare of the United States, but all duties, imposts, and excises must be uniform (the same) for all the states.) Na Declaração francesa dos Direitos do Homem e do Cidadão, de 1789, resta estampado que os tributos devem ser distribuídos entre os cidadãos e dimencionados conforme as suas possibilidades, tendo eles o direito de avaliar a necessidade das contribuições e com elas consentir através de seus representantes: "Déclaration des droits de l'homme et du citoyen. Article treize. Pour l'entretien de la force publique, et pour les dépenses d'administration, une contribution commune est indisspensable; elle doit être également répartie entre tous les citoyens, en raison de leurs facultés. Article quatorze. Tous les citoyens ont le droit de constater par eux même, ou par leurs représentants, la nécessité de la contribution publique, de la consentir librement, d'en suivre l'emploi, et d'en déterminer la quotité, l'assiette, le recouvrement et la durée." (Eis a tradução dos artigos 13 e 14 da Declaração dos Direitos do Homem e do Cidadão constante do livro de Manoel Gonçalves Ferreira Filho, *Direitos Humanos Fundamentais*. São Paulo: Saraiva, 2000, p. 163: "Art. 13. Para a manutenção da força pública e para as despesas de administração é indispensável uma contribuição comum que deve ser dividida entre os cidadãos de acordo com as suas possibilidades. Art. 14. Todos os cidadãos têm o direito de verificar, por si ou pelos seus representantes, da necessidade da contribuição pública, de consenti-la livremente, de observar o seu emprego e de lhe fixar a repartição, a coleta, a cobrança e a duração.")

II – ninguém será obrigado a fazer ou deixar de fazer alguma coisa senão em virtude de lei;[167]

O enunciado aplica-se a qualquer tipo de ingerência do Estado na vida dos indivíduos e, com remarcada intensidade, quando estão em questão a sua liberdade ou propriedade.

Conforme Luís Afonso Heck, o preceito da reserva da lei resulta do próprio princípio do Estado de Direito, do qual obtém a sua validade, de modo que dispensaria, até mesmo, menção expressa no texto constitucional.[168]

Manuel Afonso Vaz refere, inclusive, que a própria expressão "reserva da lei" já não se mostra mais tecnicamente significativa,[169] pois, em um Estado de Direito Democrático, não se circunscreve a nenhuma matéria especificamente, constituindo garantia geral.

Desse modo, o estabelecimento de garantias específicas como a da legalidade penal e a da legalidade tributária só tem algum efeito e só se justifica na medida em que agregue à garantia consubstanciada pela regra geral da legalidade um conteúdo adicional, qualificado.

A legalidade tributária é estabelecida expressamente desde a primeira Constituição republicada. Contudo, apenas a partir da Constituição de 1946 é que passou a consubstanciar garantia efetivamente especial para os contribuintes. Isso porque, enquanto a Constituição de 24 de fevereiro de 1891, em seu art. 72, § 30,[170] e a Consti-

---

[167] BRASIL. *Constituição da República Federativa do Brasil: promulgada em 5 de outubro de 1988*. 31ª ed. São Paulo: Saraiva, 2003.

[168] HECK, Luís Afonso. *O Tribunal Constitucional Federal e o Desenvolvimento dos Princípios Constitucionais: contributo para uma compreensão da Jurisdição Constitucional Federal Alemã*. Porto Alegre: Fabris, 1995, p. 200.

[169] "No seu sentido dogmático tradicional, a 'reserva da lei' só tem verdadeiramente sentido em estruturas constitucionais que aceitem a existência de espaços de poder estatal livres da lei, ou seja, que, de algum modo, aceitem o dualismo ao nível da estruturação política dos órgãos estaduais." (VAZ, Manoel Afonso. *Lei e reserva da lei: a causa da lei na Constituição Portuguesa de 1976*. Porto, 1992, p. 141)

[170] "Art 72 – A Constituição assegura a brasileiros e a estrangeiros residentes no País a inviolabilidade dos direitos concernentes à liberdade, à segurança individual e à propriedade, nos termos seguintes: [...] § 30 – Nenhum imposto de qualquer natureza poderá ser *cobrado senão em virtude de uma lei que o autorize*." (BRASIL. Constituição da República dos Estados Unidos do Brasil de 24 de fevereiro de 1891. *Constituições Brasileiras: 1891/Aliomar Baleeiro*. Brasília: Senado Federal e Ministério da Ciência e Tecnologia, Centro de Estudos Estratégicos, 2001.)

tuição de 16 de julho de 1934, em seu art. 17, VII,[171] simplesmente proibiam a cobrança de tributo sem lei que o autorizasse, a partir de 1946, todos os textos constitucionais passaram a adotar outra fórmula legislativa, proibindo a instituição e o aumento de tributos sem que a lei o estabeleça, conforme se vê da Constituição de 18 de setembro de 1946, em seu art. 141, § 34,[172] da Emenda Constitucional (EC) nº 18, de 1965, em seu artigo 2º,[173] da Constituição de 24 de janeiro de 1967, art. 20, I,[174] e

---

[171] "Art 17 – É vedado à União, aos Estados, ao Distrito Federal e aos Municípios: [...] VII – *cobrar quaisquer tributos sem lei especial que os autorize*, ou fazê-lo incidir *sobre efeitos já produzidos por atos jurídicos perfeitos*;" (BRASIL. Constituição da República dos Estados Unidos do Brasil de 16 de julho de 1934. *Constituições Brasileiras: 1934/Ronaldo Poletti.* Brasília: Senado Federal e Ministério da Ciência e Tecnologia, Centro de Estudos Estratégicos, 2001.)

[172] "Art 141 – A Constituição assegura aos brasileiros e aos estrangeiros residentes no País a inviolabilidade dos direitos concernentes à vida, à liberdade, a segurança individual e à propriedade, nos termos seguintes: [...] § 34 – *Nenhum tributo será exigido ou aumentado sem que a lei o estabeleça*; nenhum será cobrado em cada exercício sem prévia autorização orçamentária, ressalvada, porém, a tarifa aduaneira e o imposto lançado por motivo de guerra." (BRASIL. Constituição dos Estados Unidos do Brasil de 18 de setembro de 1946. *Constituições Brasileiras: 1946/Aliomar Baleeiro e Barbosa Lima Sobrinho.* Brasília: Senado Federal e Ministério da Ciência e Tecnologia, Centro de Estudos Estratégicos, 2001)

[173] "Art. 2º É vedado à União, aos Estados, ao distrito Federal e aos Municípios: I – *instituir ou majorar tributos sem que a lei o estabeleça*, ressalvados os casos previstos nesta Emenda;" (BRASIL. Constituição da República Federativa do Brasil. Emenda Constitucional nº 18, de 1965)

[174] "Art 20 – É vedado à União, aos Estados, ao Distrito Federal e aos Municípios: I – *instituir ou aumentar tributo sem que a lei o estabeleça*, ressalvados os casos previstos nesta Constituição; Art 22 – Compete à União decretar impostos sobre: I – importação de produtos estrangeiros; II – exportação, para o estrangeiro, de produtos nacionais ou nacionalizados; [...] VI – operações de crédito, câmbio, seguro, ou relativas a títulos ou valores mobiliários; [...] § 2º – É facultado ao Poder Executivo, nas condições e limites estabelecidos em lei, alterar as alíquotas ou as bases de cálculo dos impostos a que se referem os nºs I, II e VI, a fim de ajustá-los aos objetivos da política Cambial e de comércio exterior, ou de política monetária. Art 150 – A Constituição assegura aos brasileiros e aos estrangeiros residentes no País a inviolabilidade dos direitos concernentes à vida, à liberdade, à segurança e à propriedade, nos termos seguintes: [...] § 29 – Nenhum tributo será exigido ou aumentado sem que a lei o estabeleça; nenhum será cobrado em cada exercício sem prévia autorização orçamentária, ressalvados a tarifa aduaneira e o imposto lançado por motivo de guerra." (BRASIL. Constituição da República Federativa do Brasil de 24 de janeiro de 1967. Constituições Brasileiras: 1967/Themístocles Brandão Cavalcanti, Luiz Navarro de Brito e Aliomar Baleeiro.. Brasília: Senado Federal e Ministério da Ciência e Tecnologia, Centro de Estudos Estratégicos, 2001)

da EC n° 1, de 1969, conforme a nova redação do art. 19, I, da Constituição.[175]

Há, pois, na afirmação da legalidade tributária, a partir de 1946, um acréscimo de conteúdo, qual seja, a necessidade de que os tributos sejam instituídos não apenas com base em lei ou por autorização legal, mas pela própria lei.

Vejamos o enunciado da legalidade tributária constante do art. 150, I, da CRFB:

> Art. 150. Sem prejuízo de outras garantias asseguradas ao contribuinte, é vedado à União, aos Estados, ao Distrito Federal e aos Municípios:
>
> I – exigir ou aumentar tributo sem lei que o estabeleça.[176]

Considerando-se que só a lei pode estabelecer a exigência ou o aumento de tributo, lhe é reservada tanto a definição dos sujeitos como da causa e do objeto, ou seja, só à lei é permitido dispor sobre os aspectos da norma tributária impositiva, sejam os do antecedente ou da hipótese da norma (material, espacial e temporal: o que, onde e quando), sejam os do conseqüente ou do mandamento/prescrição da norma (pessoal e quantitativo: credor/devedor e montante a ser prestado).

---

[175] Art. 19. É vedado à União, aos Estados, ao Distrito Federal e aos Municípios: I – *instituir ou aumentar tributo sem que a lei o estabeleça*, ressalvados os casos previstos nesta Constituição; [...] Art. 21. Compete à União instituir imposto sobre: I – importação de produtos estrangeiros, facultado ao Poder Executivo, nas condições e nos limites estabelecidos em lei, alterar-lhe as alíquotas ou as bases de cálculo; II – exportação, para o estrangeiro, de produtos nacionais ou nacionalizados, observado o disposto no final do item anterior; [...] V – produtos industrializados, também observado o disposto no final do item I. [...] Art. 153. A Constituição assegura aos brasileiros e aos estrangeiros residentes no País a inviolabilidade dos direitos concernente à vida, á liberdade, à segurança e à propriedade, nos termos seguintes: [...] § 29. Nenhum tributo será exigido ou aumentado sem que a lei o estabeleça, nem cobrado, em cada exercício, sem que a lei que o hover instituído ou aumentado esteja em vigor antes do início do exercício financeiro, ressalvados a tarifa alfandegária e a de transporte, o Imposto sobre produtos Industrializados e outros especialmente indicados em lei complementar, além do imposto lançado por motivo de guerra e demais casos previstos nesta Constituição." (BRASIL. *Constituição da República Federativa do Brasil de 24 de janeiro de 1967, com a redação determinada pela Emenda Constitucional n° 1, de 17 de outubro de 1969*. 32 ed. São Paulo: Saraiva, 1987)

[176] BRASIL. Constituição da República Federativa do Brasil: promulgada em 5 de outubro de 1988. 31ª ed. São Paulo: Saraiva, 2003.

A referência, no dispositivo constitucional, não apenas a "exigir", mas, especificamente, a "aumentar", torna mesmo inequívoco que inclusive o aspecto quantitativo do tributo precisa estar definido em lei, seja mediante o estabelecimento de um valor fixo, da definição de uma base de cálculo e de uma alíquota, do estabelecimento de uma tabela, ou por qualquer outra forma suficiente que proveja critérios para a apuração do montante devido. A lei é que estabelece o objeto ou conteúdo da obrigação, ou seja, o *quantum debeatur* e somente a lei pode aumentá-la, redefinindo seu valor, modificando a base de cálculo, majorando a alíquota.

Não há a possibilidade de qualquer delegação de competência legislativa ao Executivo para que institua tributo, qualquer que seja, tampouco para que integre a norma tributária impositiva, ressalvadas apenas as atenuações através das quais a própria Constituição, de modo excepcional, autoriza a graduação de alíquotas pelo executivo, nas condições e limites de lei (153, § 1º)[177] ou, simplesmente, sua redução ou restabelecimento (art. 177, § 4º, b).[178] As hipóteses excepcionais do art. 153, § 1º, e do art. 177, § 4º, I, *b*, da Constituição, reforçam, inclusive, o entendimento de que, em todos os demais casos sequer atenuação será possível, restando vedada a integração da norma tributária impositiva pelo Executivo, que deve se limitar a editar os regulamentos para a fiel execução da lei.[179]

---

[177] CF: "Art. 153. Compete à União instituir impostos sobre: I – importação de produtos estrangeiros; II – exportação, para o exterior, de produtos nacionais ou nacionalizados; .. IV – produtos industrializados; V – operações de crédito, câmbio e seguro, ou relativas a títulos ou valores mobiliários; [...] § 1º – É facultado ao Poder Executivo, atendidas as condições e os limites estabelecidos em lei, alterar as alíquotas dos impostos enumerados nos incisos I, II, IV e V." (BRASIL. Constituição da República Federativa do Brasil: promulgada em 5 de outubro de 1988. 31ª ed. São Paulo: Saraiva, 2003.)

[178] CRFB: "Art. 177 [...] § 4º A lei que instituir contribuição de intervenção no domínio econômico relativa às atividades de importação ou comercialização de petróleo e seus derivados, gás natural e seus derivados e álcool combustível deverá atender aos seguintes requisitos: I – a alíquota da contribuição poderá ser: [...] b) reduzida e restabelecida por ato do Poder Executivo, não se lhe aplicando o disposto no art. 150, III, *b*;" Dispositivos com a redação da EC 33/01.

[179] CRFB: "Art. 84. Compete privativamente ao Presidente da República: [...] IV – sancionar, promulgar e fazer publicar as leis, bem como expedir decretos e regulamentos para sua fiel execução;"

Fala-se, por isso, em se tratando de tributação, em reserva absoluta de lei, também designada de legalidade estrita, de modo que só a lei pode definir o surgimento e o conteúdo da relação jurídico-tributária.

A vinculação do Executivo à lei em matéria tributária é tal que não está autorizado a inovar sequer em favor do contribuinte, pois a própria desoneração pressupõe lei específica, nos termos do art. 150, § 6º, da CF.[180]

Alberto Xavier chega a se referir à predeterminação integral do conteúdo da norma tributária impositiva:

> O princípio da legalidade da tributação (*nullum tributum sine lege*) não pode caracterizar-se apenas pelo recurso ao conceito de "reserva de lei", pois não se limita à exigência de uma lei formal como fundamento da tributação. Vai mais além, exigindo uma lei revestida de especiais características. Não basta a lei; é necessária uma "lei qualificada".
>
> Esta "qualificação" da lei pode ser designada como "reserva absoluta de lei" [...]
>
> Reserva "absoluta" significa a exigência constitucional de que a lei deve conter não só o fundamento da conduta da Administração, mas também o próprio critério de decisão do órgão de aplicação do direito no caso concreto, ao invés do que sucede na "reserva relativa", em que muito embora seja indispensável a lei como fundamento para as intervenções da Administração nas esferas de liberdade e de propriedade dos cidadãos, ela não tem que fornecer necessariamente o critério de decisão no caso concreto, que o legislador pode confiar à livre valoração do órgão de aplicação do direito, administrador ou juiz.
>
> A exigência de "reserva absoluta" transforma a lei tributária em *lex stricta* (princípio da estrita legalidade), que fornece não apenas o fim, mas também o conteúdo da decisão do caso concreto, o qual se obtém por mera dedução da própria

---

[180] Sendo, a instituição dos tributos, reservada à lei pelo art. 150, I, da CRFB, não apenas a sua majoração está vedada ao Executivo, como, inclusive, a sua redução ou dispensa. O texto constitucional, aliás, vai além da simples exigência de lei para a dispensa do pagamento de tributos, exigindo, em seu art. 150, § 6º, lei específica para inúmeras modalidades de desoneração dos contribuintes/redução da carga tributária: "§ 6º Qualquer subsídio ou isenção, redução de base de cálculo, concessão de crédito presumido, anistia ou remissão, relativas a impostos, taxas ou contribuições, só poderá ser concedido mediante lei específica, federal, estadual ou municipal, que regule exclusivamente as matérias acima enumeradas ou o correspondente tributo ou contribuição, sem prejuízo do disposto no artigo 155, § 2º, XII, g." A legalidade tributária figura, pois, na CRFB, não apenas como uma garantia para o contribuinte, mas como uma via de mão dupla que só admite que a Administração atue, quer em matéria de exigência como de não-exigência de tributos, em conformidade com o que a lei, em sentido formal, dispõe. Não há discricionariedade nem possibilidade de disposição da matéria pelo Executivo, ainda que para favorecer o contribuinte.

lei, limitando-se o órgão de aplicação a subsumir o fato na norma, independentemente de qualquer valoração pessoal.

E daí que as normas que instituem tributos sejam verdadeiras normas de decisão material (Sachentscheidungsnormen), na terminologia de Werner Flume, porque, ao contrário do que sucede nas normas de ação (Handlungsnormen), não se limitam a autorizar o órgão de aplicação do direito a exercer, mais ou menos livremente, um poder, antes lhe impõem o critério da decisão concreta, predeterminando integralmente o seu conteúdo.[181]

Diogo Leite de Campos e Mônica Horta Neves Leite de Campos, cuidando da reserva absoluta constante da Constituição portuguesa,[182] também são esclarecedores quanto ao seu alcance:

> Haverá reserva absoluta da lei quando a lei deve conter a descrição completa dos pressupostos de facto (previsão), bem como a descrição exaustiva das suas conseqüências (estatuição).
>
> Em matéria tributária a lei deverá descrever todos os pressupostos de facto do imposto, de maneira completa, bem como regular todos os elementos necessários ao cálculo da obrigação de imposto. Excluindo qualquer mediação voluntarística da Administração ou do contribuinte entre a norma, o caso concreto e o imposto.
>
> Fala-se de reserva relativa da lei quando esta estabelece só os princípios, ou bases gerais, ou quadros, da regulamentação jurídica, deixando a outras fontes de Direito de grau inferior (geralmente a diplomas do Governo) a tarefa de os concretizar, aproximando-os do caso concreto.

---

[181] XAVIER, Alberto. *Tipicidade da tributação, simulação e norma antielisiva*. São Paulo: Dialética, 2001, p. 17/18.

[182] A Constituição da República Portuguesa, de 25 de Abril de 1976, também cuida especificamente da legalidade tributária, tornando claro e inequívoco que cabe à lei criar impostos determinando a incidência e seu montante: " Artigo 103° (Sistema fiscal) 2. Os impostos são criados por lei, que determina a incidência, a taxa, os benefícios fiscais e as garantias dos contribuintes." (Disponível em: www.parlamento.pt/const_leg/crp_port/. Acesso em 13 de julho de 2005) Tal dispositivo constitucional é praticamente reproduzido na Lei Geral Tributária Portuguesa: Decreto-Lei n° 398, de 17 de Dezembro de 1999: "Artigo 8° Princípio da legalidade tributária 1 – Estão sujeitos ao princípio da legalidade tributária a incidência, a taxa, os benefícios fiscais, as garantias dos contribuintes, a definição dos crimes fiscais e o regime geral das contra-ordenações fiscais. 2 – Estão ainda sujeitos ao princípio da legalidade tributária: a) A liquidação e cobrança dos tributos, incluindo os prazos de prescrição e caducidade; b) A regulamentação das figuras da substituição e responsabilidade tributárias; c) A definição das obrigações acessórias; d) A definição das sanções fiscais sem natureza criminal; e) As regras de procedimento e processo tributário. [...] Artigo 11° Interpretação [...] 4 – As lacunas resultantes de normas tributárias abrangidas na reserva de lei da Assembleia da República não são susceptíveis de integração analógica."

O princípio da legalidade aparece, no Direito Constitucional português, como reserva absoluta da lei formal.[183]

Francisco Pinto Rabello Filho ressalta que "[...] o Direito Tributário é de todos os ramos do Direito aquele em que a segurança jurídica assume sua maior intensidade possível e é por isso que nele o princípio da legalidade se configura como uma reserva absoluta de lei formal".[184]

O conteúdo normativo da legalidade tributária, de fato, como visto, extrapola o da legalidade geral. A legalidade tributária implica reserva absoluta de lei, impondo que os tributos sejam instituídos não apenas com base em lei ou por autorização legal, mas pela própria lei, dela devendo ser possível verificar todos os aspectos da norma tributária impositiva de modo a permitir ao contribuinte o conhecimento dos efeitos tributários dos atos que praticar ou posições jurídicas que assumir.

Cabe-nos, forte nessa idéia de certeza do direito mediante reserva absoluta de lei, detalhar as exigências da legalidade tributária.

20. Da "tipicidade fechada" à determinabilidade e o critério da suficiência

Tendo como referência a enunciação especial da legalidade tributária na Constituição de 1988 e considerando que vem realizar de modo especial a segurança jurídica, conclui-se pela necessidade de lei para a instituição ou majoração de tributo, não bastando, porém, qualquer lei como ato formal, e sim de lei que confira certeza quanto aos efeitos dos atos praticados e a ela submetidos, que apresente clareza, que enseje a determinabilidade dos efeitos jurídicos, a lei completa na especificação dos critérios indispensáveis à verificação do fato gerador da obrigação tributária, dos sujeitos integrantes da respectiva relação obrigacional e do seu objeto.

---

[183] Constituição da República Portuguesa, op. cit, p. 208.
[184] RABELLO FILHO, Francisco Pinto. *O Princípio da Anterioridade da Lei Tributária*. São Paulo: RT, 2002, p. 104/105.

Alberto Xavier, procurando especificar o conteúdo jurídico da garantia da legalidade tributária, dela deriva inúmeros princípios:

> O princípio da tipicidade ou da reserva absoluta de lei tem como corolários o princípio da seleção, o princípio do *numerus clausus*, o princípio do exclusivismo e o princípio da determinação ou da tipicidade fechada.
>
> O princípio da seleção significa que o legislador não pode descrever o tributo pela utilização de conceito ou cláusula geral abrangendo todo o quadro das situações tributáveis, ou seja, as reveladoras de capacidade contributiva [...]
>
> O princípio do *numerus clausus* especifica um tanto mais o princípio da seleção, pois, enquanto este se limita a ordenar que o legislador elabore os tributos através de uma tipologia, aquele esclarece que, de entre as três formas possíveis de tipologia – a exemplificativa, a taxativa e a delimitativa – a tipologia tributária é inegavelmente taxativa. [...]
>
> O princípio do exclusivismo exprime que a conformação das situações jurídicas aos tipos legais tributários é não só absolutamente necessário como também suficiente à tributação. [...]
>
> O princípio da determinação ou da tipicidade fechada [...] exige que os elementos integrantes do tipo sejam de tal modo precisos e determinados na sua formulação legal que o órgão de aplicação do direito não possa introduzir critérios subjetivos de apreciação na sua aplicação concreta. Por outras palavras: exige a utilização de conceitos determinados, entendendo-se por estes (e tendo em vista a indeterminação imanente a todo o conceito) aqueles que não afetam a segurança jurídica dos cidadãos, isto é, a sua capacidade de previsão objetiva de seus direitos e deveres tributários.[185]

Roque Antonio Carraza também se refere ao que denomina de princípio do exclusivismo: "A segurança jurídica leva, ademais, ao princípio do exclusivismo, com a conseqüente proibição do emprego de normas indeterminadas, que, muito ao propósito, Nuno Sá Gomes chama de 'elásticas' ou 'de borracha'".[186]

Embora Alberto Xavier e Roque Antonio Carraza se refiram a "princípios", entendemos que não se trata de princípios propriamente, mas de critérios para se verificar se determinada lei, em face da garantia da legalidade tributária como reserva absoluta, atende ao princípio da segurança jurídica enquanto certeza do direito.[187]

---

[185] XAVIER, Alberto. Op. cit, p. 18/19.
[186] CARRAZA, Roque Antonio. *Curso...*, p. 399.
[187] Mesmo ALBERTO XAVIER assim estrutura sua conclusão: "O princípio da tipicidade da tributação traduz-se, pois, na imposição de comandos ao legislador

Aliás, o próprio Roque Antonio Carraza se refere à tipicidade tributária como uma maneira especial de realização da legalidade tributária:

> [...] atrelado ao princípio a legalidade tributária, encontra-se o não menos relevante princípio da tipicidade tributária. Na verdade, o princípio da tipicidade tributária [...] não passa de uma maneira especial de realização da legalidade tributária [...]
>
> [...]
>
> O princípio da tipicidade impõe que o tributo só seja exigido quando se realiza, no mundo fenomênico, o pressuposto de fato a cuja ocorrência a lei vincula o nascimento da obrigação tributária. Dito de outra maneira, o tributo só pode ser validamente exigido quando nasceu por vontade da lei [...]
>
> De fato, os elementos integrantes do tipo tributário devem ser formulados na lei de modo tão preciso e determinado, que o aplicador não tenha como introduzir critérios subjetivos de apreciação, que poderiam afetar, como já escrevemos, a segurança jurídica dos contribuintes, comprometendo-lhes a capacidade de previsão objetiva de seus direitos e deveres.
>
> [...] o princípio da tipicidade fechada contribui, de modo decisivo, para a segurança jurídica do contribuinte. Segurança jurídica que se pulveriza quando a própria Fazenda Pública elege os critérios que reputa razoáveis para a quantificação do tributo.
>
> [...]
>
> Melhor dizendo, a segurança jurídica, como o seu corolário de proteção da confiança, leva, em matéria tributária, ao princípio da tipicidade fechada (ou da determinação), com a correspondente proibição do emprego da discricionariedade fazendária e da analogia *in peius*.[188]

Impende considerar, de qualquer modo, que a idéia da chamada "tipicidade fechada" como plena determinação não se mostra precisa, implicando, no dizer de Misabel Abreu Machado Derzi, "uma contradição e uma impropriedade", pois os tipos são necessariamente abertos.[189] Ricardo Lobo Torres esclarece:

---

para que formule as leis tributárias: (i) de um modo casuístico ou seletivo, com a conseqüente proibição de cláusulas gerais (*lex stricta*); (ii) de modo completo e exclusivo, com a conseqüente proibição de normas de reenvio (*lex completa*); (iii) de modo claro e preciso, com a conseqüente proibição de conceitos indeterminados (*lex certa*); (iv) de modo expresso, com a conseqüente proibição da analogia (*lex stricta*)." (Op. cit., p. 29)

[188] CARRAZA, Roque Antonio. Op. cit, p. 398/399.

[189] DERZI, Misabel Abreu Machado. *Direito Tributário, Direito Penal e Tipo*. São Paulo: RT, 1988, p. 38.

Tipo é a ordenação de dados concretos existentes na realidade segundo critérios de semelhança. Nele há abstração e concretude [...] Eis alguns exemplos de tipo: empresa, empresário, trabalhador, indústria, pluidor. O que caracteriza o tipo 'empresa' é que nele se contêm todas as possibilidades de descrição de suas características, independentemente de tempo, lugar ou espécie de empresa. *O tipo representa a média ou a normalidade de uma determinada situação concreta, com as suas conexões de sentido. Segue-se, daí, que a noção de tipo admite as dessemelhanças e as especificidades, desde que não se transformem em desigualdade ou anormalidade.* [...] O tipo, pela sua própria complexidade, é aberto, não sendo suscetível de definição, mas apenas de descrição. A utilização do tipo contribui para a simplificação do direito tributário.[190]

Ricardo Lobo Torres destaca, assim, que Alberto Xavier "confunde a tipicidade no sentido de *Typizität*, que expressa a qualidade do tipo, com a tipicidade na acepção de princípio da determinação".[191] [192]

E tampouco a tipicidade impropriamente dita "fechada",[193] como o chamado princípio da determinação, se

---

[190] TORRES, Ricardo Lobo. *Tratado...*, vol. II, p. 469/470.

[191] Ibidem, p. 477.

[192] Ibidem, p. 481: "O princípio da determinação (*Grundsatz der Bestimmtheit* em alemão) – ou determinação do fato gerador (*Tatbestandbestimmtheit*) – postula que todos os elementos do fato gerador abstrato sejam indicados com clareza na lei formal. O sujeito passivo, o núcleo da hipótese de incidência, a base de cálculo e a alíquota devem conter as informações necessárias para a exigência do tributo pelo fisco e para o conhecimento da extensão da obrigação pelo contribuinte. [...] Esse princípio da determinação se expressou, na tradição ibérica, com especial ressonância no Brasil, como princípio da tipicidade, pela confusão feita entre o tipo legal e o fato gerador abstrato (*Tabestand*), que o agasalha."

[193] YONNE DOLÁCIO DE OLIVEIRA distingue entre o "tipo aberto" e o "tipo cerrado" no livro A Tipicidade no Direito Tributário Brasileiro, São Paulo, Saraiva, 1980, p. 25/26: "Podemos, pois, assim resumir as notas configuradoras das espécies de tipos ou modelos jurídicos em exame: a) O tipo aberto, como traço fundamental, traz em sai a graduabilidade das caracerísticas que compõem seu repertório. Sua formação não é artificial ou arbitrária pois parte do tipo ou estrutura social, o chamado tipo da vida; o caminho seguido começa por uma abstração, o separar e reter as características essenciais na esteira de um finalismo concreto, de acordo com um valor ou valores de atendimento prioritário [...] O tipo aberto é um tipo de limites fluidos, flexíveis, que procura conservar a continuidade da visa. O caso concreto não necessita ser nele subsumido; basta que se possa coordená-lo ao tipo, vale dizer, é suficiente que as características do tipo da vida correspondam, nos pontos essenciais, ao modelo jurídico. Como a modelagem, tanto no plano da experiência quanto no plano jurídico, está polarizada no sentido dos valores que serve, o tipo jurídico não tem um significado apenas retrospectivo mas, também, prospectivo. Omissões do legislador, inadequações do tipo em razão de mudanças supervenientes nas estruturas sociais, aparição de novas formas de vida podem ser supridas em círculo de grande abrangência pelos processos integradores dos modelos jurídicos, salvo os

prestam à adequada à definição do conteúdo normativo da legalidade tributária que, para realizar a certeza do direito enquanto a possibilidade de se determinar a causa e o conteúdo da obrigação tributária, não depende de tanto rigor.

Aliás, Marco Aurélio Greco adverte que se precisa ter a noção de que a velocidade da mudança da realidade é muito maior que a velocidade de produção das normas e que "a maneira de acompanhar é prever *standards*, padrões de conduta ou padrões de fatos, em vez de prever condutas individuais ou fatos específicos", criando-se, assim, "modelos abstratos, partindo do princípio de que o modelo pode ter uma vida maior do que a descrição de cada conduta individualizada".[194]

Humberto Bergmann Ávila, cuidando da reserva de lei em matéria de instituição e majoração de tributos, refere-se ao dever de o conteúdo da relação obrigacional tributária ser não propriamente determinado, mas determinável a partir da lei.[195]

---

casos limtie que exigirão alterações legislativas. [...] se os limites do tipo são flexíveis, é natural que na sua elaboração sejam utilizadas listas exemplificativas, cláusulas gerais, e os muitas vezes indispensáveis conceitos gerais indeterminados, inclusive aqueles em que ressoa uma valoração social [...] b) O modelo ou tipo cerrado resulta da transformação do modelo ou tipo aberto, por meio da sua limitação que se obtém pela fixação das características eleitas como necessárias. Isto, no nosso entender, envolve dois momentos: primeiramente, compõe-se o tipo partindo-se da estrutura social, da tensão fático-axiológica existente que se busca captar na sua proximidade da vida quanto possível; portanto, pensamentos abstrativo e tipológico regem a sua formação. Em segundo lugar, pelas exigências dos valores certeza e segurança, pela aspiração decorrente não de uma predição, mas de uma calculabilidade da sentença, o legislador fixa o tipo por meio de uma definição, vale dizer, a determinação exaustiva de suas características eleitas, como necessárias, para desencadeamento dos efeitos pretendidos. Solidificados, os tipos funcionam com rigor conceitual. As conseqüências que se impõem dessa estruturação cerrada dos tipos ou modelos jurídicos tributários são relevantes. De um lado, sendo seu repertório inextensível, exaustivamente determinado, ao aplicador do Direito fica subtraída a coordenação do fato concreto ao tipo legal. Ao contrário, somente lhe é permitida a subsunção do tipo da vida no modelo jurídico: ou aquele apresenta exata corresponfência nas suas características em relação ás fixadas no modelo legal e neste é subsumido ou, tal não ocorrendo, fica fora do seu campo de abrangência, sem ser por ele afetado."

[194] GRECO, Marco Aurélio. *Planejamento Fiscal e Interpretação da Lei Tributária*. São Paulo: Dialética, 1998, p. 59/60.
[195] ÁVILA, Humberto Bergmann. *Sistema...*, p. 300.

Marco Aurélio Greco refere que, enquanto a analogia não é admissível no que se refere aos elementos essenciais à instituição do tributo, a interpretação para definir o alcance dos termos utilizados pelo legislador o é. E esclarece:

> [...] sempre vai-se utilizar uma linguagem. E a linguagem do Direito é natural – aquela pela qual as pessoas se comunicam – e sendo assim, ela em si mesma é imprecisa. Em si mesma ela comporta uma faixa de indefinição. Não que ela seja indeterminável; ela é apenas indeterminada naquele momento. Ela é determinável (no futuro) mas indeterminada (no presente).[196]

Considerando que "um texto de norma 'nunca' fornece uma determinação absoluta, pré-dada, da decisão do caso",[197] Humberto Bergmann Ávila propõe que se trabalhe não com o mandamento da tipicidade, mas com o "princípio da determinabilidade fática",[198] que "estabelece o dever de buscar um ideal de previsibilidade, de determinabilidade e de mensurabilidade para o exercício das atividades do contribuinte frente ao poder de tributar".[199]

Importa, efetivamente, que se tenha condição de determinar, com suporte direto na lei, independentemente de complementação inovadora de cunho normativo por parte do Executivo, quais as situações que implicam o surgimento da obrigação tributária, quando e em que momento tal se dá, quais os sujeitos da relação tributária e como calcular o montante devido.

Impende, pois, à luz do princípio da segurança jurídica, verificar se a lei provê a necessária determinabilidade, o que se dá quando traz elementos suficientes para tal identificação, de modo a garantir a certeza do direito.

Em outras palavras, considerando que a legalidade tributária vem assegurar a certeza do direito em matéria tributária, que constitui um dos conteúdos da segurança jurídica, a análise do atendimento ou não, por uma lei, à reserva absoluta faz-se pela verificação da determinabili-

---

[196] GRECO, Marco Aurélio. *Planejamento Fiscal e Interpretação da Lei Tributária*. São Paulo: Dialética, 1998, p. 70.
[197] ÁVILA, Humberto Bergmann. *Sistema...*, p. 309.
[198] Ibidem, p. 310.
[199] Ibidem, p. 301.

dade mediante o critério da suficiência. A lei deve, necessariamente, conter referências suficientes, inclusive em densidade, para que se possa saber o que, onde, quando,[200] quem e quanto, ainda que não necessariamente de modo fechado e exaustivo, mas de qualquer modo não deixando ao Executivo o papel de integrar a norma tributária impositiva.[201] Impende que, a partir da lei, seja possível proceder à subsunção ou à tipificação do caso concreto relativamente à previsão normativa, não se admitindo, contudo, a outorga de discricionariedade ao Executivo de modo que complete a norma, e não simplesmente regule a sua aplicação.

21. A necessidade de completitude da lei tributária impositiva

A lei que veicula a norma tributária impositiva deverá conter os aspectos indispensáveis para que se possa determinar o surgimento e o conteúdo da obrigação tributária, ou seja, qual a situação geradora da obrigação tributária (aspecto material), onde a sua ocorrência é relevante (aspecto espacial) e quando se deve considerar ocorrida (aspecto temporal), bem como quem está obrigado ao pagamento (aspecto pessoal: sujeito passivo), em favor de quem (aspecto pessoal: sujeito ativo), e qual o montante devido (aspecto quantitativo).

---

[200] O termo "quando", neste ponto, diz respeito ao aspecto temporal da norma tributária impositiva, que nem sempre constará de modo expresso, conforme abordamos no item seguinte. Não se confunde com o vencimento ou prazo de pagamento do tributo que sequer está sujeito à reserva legal.

[201] Utilizamos a referência ao critério da suficiência com conteúdo distinto daquele referido por Victor Uckmar quando diz da aplicação do critério da suficiência pela Corte Constitucional italiana. Tomamos a necessidade de elementos suficientes para evitar a delegação legislativa, enquanto Uckmar se refere aos elementos suficientes para evitar a arbitrariedade: "Sobre a noção de 'reserva absoluta' e 'reserva relativa', cf. Fantozzi (Diritto Tributário, 1991, p. 76), o qual lembra que a jurisprudência da Corte Constitucional sempre entendeu que o nível de integralidade da disciplina das prestações impostas por atos diferentes da lei deva ser dado pelo critério da suficiência: a 'base' legislativa deve ser suficiente para impedir que a discricionariedade da Administração 'transmude em arbítrio'." (UCKMAR, Victor. *Princípios Comuns de Direito Constitucional Tributário*. 2ª ed. São Paulo: Malheiros, 1999, p. 46, nota 88)

A norma impositiva incompleta, por insuficiência de dados, não assegura ao contribuinte a certeza quanto ao surgimento ou ao conteúdo da sua suposta obrigação tributária, sendo, pois, incapaz de implicar o surgimento da obrigação tributária, já que não pode ser suplementada por regulamento em face da reserva absoluta de lei.

Isso não significa, contudo, que todos os cinco aspectos da norma tributária impositiva (material, espacial, temporal, pessoal e quantitativo) devam, necessariamente, constar da lei de modo expresso e didático. Em leis de boa técnica, isso se dá,[202] mas não constitui requisito para que se a considere completa. Cabe ao intérprete e aplicador analisar a lei e identificar os diversos aspectos, só concluindo pela incompletitude na impossibilidade de levar a efeito tal identificação por absoluta falta de dados, referências ou elementos para tanto.

Amílcar Falcão entendia que "[...] por força do princípio da legalidade, exige-se que em lei formal estejam determinados, pelo menos, os seguintes elementos: o fato gerador do tributo, a sua alíquota, a respectiva base de cálculo e os sujeitos passivos diretos e indiretos da obrigação tributária".[203]

Entendemos que, em abstrato e *a priori*, não se pode fazer nem mesmo tal afirmação, ainda que os aspectos relativamente aos quais a ausência de referência expressa reste mais facilmente resolvida e superada sejam efetivamente o temporal, o espacial e o pessoal quanto ao sujeito ativo.

O sujeito ativo, na ausência de disposição em contrário, será a própria pessoa política de que a lei impositiva constitui manifestação, pois a delegação[204] da condição de

---

[202] É o caso da Lei 9.393/96, que institui o ITR, e da Lei 9.311/96, que institui a CPMF.
[203] FALCÃO, Amílcar. *Fato gerador da obrigação tributária*. Rio de Janeiro: Forense, 1994, p. 8.
[204] O próprio CTN, em seu art. 7º, após dizer da indelegabilidade da competência tributária, estabelece que as funções de arrecadar ou fiscalizar tributos é ressalvada de tal indelegabilidade. Ou seja, "a contrario sensu", autoriza a "delegação" da condição de sujeito ativo da obrigação tributária, ou seja, a colocação de outra pessoa de direito público na condição de credor, titular das funções de fiscalizar,

sujeito ativo[205] a outra pessoa jurídica de direito público não se presume.

O aspecto espacial, por sua vez, corresponderá ao território da pessoa política tributante, pois a extraterritorialidade da tributação estadual e municipal implicaria invasão de idêntica competência dos demais Estados e Municípios, sendo, pois, decorrência da própria outorga de competências privativas paralelas (aos entes políticos da mesma esfera relativamente às situações ocorridas em seus territórios) e a competência da União diz respeito à imposição tributária no território nacional, salvo norma expressa em sentido contrário.

Por fim, o aspecto temporal, em se tratando de tributos com fato gerador instantâneo, estará determinado pelo momento mesmo da ocorrência do ato, fato ou situação que configura o aspecto material;[206] [207] em se tratando de fato gerador de período, ao seu final; quanto ao fato gera-

---

lançar e exigir o tributo. Eis o texto do art. 7º do CTN: "Art. 7º A competência tributária é indelegável, salvo atribuição das funções de arrecadar ou fiscalizar tributos, ou de executar leis, serviços, atos ou decisões administrativas em matéria tributária, conferida por uma pessoa jurídica de direito público a outra, nos termos do § 3º do artigo 18 da Constituição. § 1º A atribuição compreende as garantias e os privilégios processuais que competem à pessoa jurídica de direito público que a conferir. § 2º A atribuição pode ser revogada, a qualquer tempo, por ato unilateral da pessoa jurídica de direito público que a tenha conferido. § 3º Não constitui delegação de competência o cometimento, a pessoas de direito privado, do encargo ou da função de arrecadar tributos."

[205] PAULO DE BARROS CARVALHO também destaca que "Sujeito ativo da relação jurídica tributária é, por via de regra, o Estado, entendido, naturalmente, no seu sentido lato", sendo que nada "que o legislador, titular da competência impositiva, atribua a outra pessoa" a condição de sujeito ativo. (CARVALHO, Paulo de Barros. *Teoria da Norma Tributária*. São Paulo: Mas Limonad, 1998, p. 163)

[206] "Não há de esquecer-se que, por via de regra, o legislador deixa implícita a indicação desse critério [...] Em algumas oportunidades, todavia, a fórmula legislativa, aponta com clareza a condição temporal, obviando a tarefa interpretativa e impedindo que prosperem entendimentos errôneos a respeito do momento em que se reputa consumado o fato hipoteticamente descrito. [...] não repugna encontrar disposição normativa em que se não faça menção expressa ao critério temporal. Não está o legislador obrigado a fazê-lo e, de qualquer modo, terá o jurista os instrumentos para trazê-lo a lume."(CARVALHO, Paulo de Barros. *Teoria da Norma Tributária*. São Paulo: Mas Limonad, 1998, p. 134/135)

[207] Se o legislador se omitir quanto ao aspecto temporal, "estará implicitamente dispondo que o momento a ser considerado é aquele em que o fato material descrito ocorre." (ATALIBA, Geraldo. *Hipótese de Incidência Tributária*. São Paulo: Revista dos Tribunais, 1991)

dor continuado, também ao final do trimestre ou ano, conforme a sua periodicidade.

Mais difícil mostra-se a identificação do aspecto material (a situação que implica a incidência da norma) quando não se apresente expresso. Mas nem por isso se pode afirmar que seja sempre e necessariamente inviável. Na Lei 8.212/91, por exemplo, a instituição da contribuição previdenciária do segurado empregado, em seu art. 20,[208] consta sem uma referência expressa ao fato gerador, havendo, simplesmente, o estabelecimento de que a contribuição do empregado é calculada mediante a aplicação da correspondente alíquota sobre o seu salário-de-contribuição mensal, verificando-se do seu art. 28[209] que assim deve ser considerada a remuneração auferida em uma ou mais empresas, abrangendo a totalidade dos rendimentos pagos, devidos ou creditados a qualquer título, durante o mês, destinados a retribuir o trabalho. Embora não reste didaticamente exposto o aspecto material, pode-se inferir que é o pagamento ou creditamento da remuneração mensal, até porque, sem tal fato, não haverá o que tributar, não se podendo nem mesmo apurar a base de cálculo.

A mesma dificuldade pode ocorrer com o aspecto pessoal quanto ao sujeito passivo. Contudo, em se tratando de lei municipal que institua, por exemplo, o imposto sobre a propriedade predial e territorial urbana e não refira expressamente quem seja o contribuinte, teremos a possibilidade de determinar que é aquele cuja capacidade contributiva é revelada pelo aspecto material: o proprietário.

---

[208] Lei 8.212/91: Art. 20. A contribuição do empregado, inclusive o doméstico, e a do trabalhador avulso é calculada mediante a aplicação da correspondente alíquota sobre o seu salário-de-contribuição mensal, de forma não cumulativa, observado o disposto no art. 28, de acordo com a seguinte tabela [...]

[209] Lei 8.212/91: Art. 28. Entende-se por salário-de-contribuição: I – para o empregado e trabalhador avulso: a remuneração auferida em uma ou mais empresas, assim entendida a totalidade dos rendimentos pagos, devidos ou creditados a qualquer título, durante o mês, destinados a retribuir o trabalho, qualquer que seja a sua forma, inclusive as gorjetas, os ganhos habituais sob a forma de utilidades e os adiantamentos decorrentes de reajuste salarial, quer pelos serviços efetivamente prestados, quer pelo tempo à disposição do empregador ou tomador de serviços nos termos da lei ou do contrato ou, ainda, de convenção ou acordo coletivo de trabalho ou sentença normativa;

De todos os aspectos, o quantitativo é o que não dispensará referência expressa, ainda que não total, pois sem ela não se terá a necessária determinabilidade quanto ao conteúdo da obrigação. A base de cálculo até que pode ser determinada quando se tenha indicadas como fato gerador situações que, em si mesmas, são dimensionáveis, como a propriedade (o valor venal), o faturamento (o montante do faturamento) ou a operação de circulação de mercadoria (o valor da operação). Mas a alíquota não se terá como determinar, de modo que, se faltar, a norma será efetivamente incompleta e, por isso, inconstitucional, não cumprindo a exigência de lei para a instituição do tributo, estampada no art. 150, I, da CF.

A conclusão, pois, sobre ser ou não completa a norma tributária impositiva estabelecida por lei, depende da possibilidade de se determinar os seus diversos aspectos independentemente de complementação normativa infralegal, ainda que mediante análise mais cuidadosa do texto da lei e da consideração do tipo de fato gerador, da competência do ente tributante e dos demais elementos de que se disponha. Em não sendo possível em face da ausência de dados que não possam ser supridos pelo trabalho do intérprete e aplicador sem que tenha de integrar a norma tributária com critérios fornecidos pelo Executivo e que revelem delegação vedada de competência normativa, teremos evidenciado tratar-se de norma incompleta. Tudo porque, neste caso, a lei não terá efetivamente instituído o tributo, por insuficiência sua, deixando de ensejar ao contribuinte a certeza quanto ao surgimento ou quanto ao conteúdo da obrigação tributária principal de pagar tributo.

22. A necessidade de densidade da lei tributária impositiva

Ainda que a lei contemple, expressa ou implicitamente, todos os aspectos da norma tributária impositiva, tal não é suficiente, por si só, para que reste assegurada a certeza do direito. Para tanto, impende que o faça de modo suficiente à compreensão do seu conteúdo relativamente ao fato que efetivamente gera a obrigação tributária, ao local, ao momento, aos sujeitos e ao montante devido, ou seja, com a densidade indispensável para que o contribuinte tenha certeza acerca da norma a que está submetido no caso concreto quanto aos atos que praticar ou posições que assumir.

J. J. Gomes Canotilho refere-se à clareza, à facilidade de compreensão, à densidade suficiente como exigências de segurança jurídica:

> A segurança jurídica postula o princípio da precisão ou determinabilidade dos actos normativos, ou seja, a conformação material e formal dos actos normativos em termos lingüisticamente claros, compreensíveis e não contraditórios. Nesta perspectiva se fala de princípios jurídicos de normação jurídica concretizadores das exigências de determinabilidade, clareza e fiabilidade da ordem jurídica e, conseqüentemente, da segurança jurídica e do Estado de Direito.
>
> O princípio da determinabilidade das leis reconduz-se, sob o ponto de vista intrínseco, a duas idéias fundamentais. A primeira é a da exigência de clareza das normas legais, pois de um a lei obscura ou contraditória pode não ser possível, através da interpretação, obter um sentido inequívoco capaz de alicerçar uma solução jurídica para o problema concreto. A segunda aponta para a exigência de densidade suficiente na regulamentação legal, pois um acto legislativo (ou um acto normativo em geral) que não contém uma disciplina suficientemente concreta (= densa, determinada) não oferece uma medida jurídica capaz de: (1) alicerçar posições juridicamente protegidas dos cidadãos; (2) constituir uma norma de actuação para a administração; (3) possibilitar, como norma de controlo, a fiscalização da legalidade e a defesa dos direitos e interesses dos cidadãos.[210]

Andrei Pitten Velloso, considerando que a linguagem é sempre vaga, em maior ou menor grau, e que importante é a análise do grau dessa vaguesa, refere-se ao princípio da especificidade conceitual. Entende insuficientes aqueles conceitos e cláusulas demasiadamente abstratas, revestidos de alta vaguesa intensional, o "que se verifica quando o conjunto das propriedades conotadas pelo termo ou pela expressão" enseja "dúvida acerca das propriedades necessárias e suficientes para a aplicação do termo ou da expressão".[211]

---

[210] CANOTILHO, J. J. Gomes. *Direito Constitucional e Teoria da Constituição.* Portugal: Coimbra: Almedina, 1998, p. 251.

[211] Segundo o próprio VELLOSO, a vaguesa intensional "representa e espécie de vagueza descrita por Genaro Carrió nos seguintes termos: 'Hay veces en que las vacilaciones que suscita la aplicación de um rótulo general a um hecho o fenômeno concreto se originan em que los casos típicos están constituídos por um

Pertinente, nessa linha, é a lição de José Marcos Domingues de Oliveira:

4. Os tipos têm estrutura aberta e apta a adaptar-se a realidades mutantes, daí a necessidade de uma tipificação que admita a indeterminação conceitual. 5. A denominada tipicidade tributária fechada é equivocada ao pretender proibir a utilização de conceitos jurídicos indeterminados na tipificação dos elementos essenciais do tributo; resta ela superada pelo atual estágio de desenvolvimento do Estado de Direito (o segundo Estado de Direito), devendo-se admitir a utilização de tipos abertos no Direito Tributário, como se dá nos demais ramos do Direito. 6. A abertura do tipo tributário deve-se dar pelo emprego dos conceitos jurídicos indeterminados, como de resto, na prática, já ocorre na legislação, em especial do imposto de renda, sob a garantia de controle jurisdicional de proporcionalidade das leis e dos atos administrativos de lançamento.[212]

Mas, se, de um lado, não há impedimento, puro e simples, à utilização de tipos e de conceitos jurídicos indeterminados, até porque todos os conceitos são mais ou menos indeterminados, há de se compatibilizar isso com a necessidade de determinabilidade quanto ao surgimento, sujeitos e conteúdo da relação jurídico-tributária decorrente da legalidade absoluta como garantia que vem assegurar a certeza do direito, de modo que a utilização de tais instrumentos não implique delegação indevida de competência normativa ao Executivo.[213]

Não se pode, em matéria tributária, ademais, tratar a questão da regulamentação da lei da mesma forma como se faz nos demais ramos do Direito.

---

conjunto de características o propriedades que allí aparecen estructuradas o combinadas em uma forma especial, y no resulta claro si el criterio implícito em el uso del término considera a todas ellas, o sólo algunas, condición necesaria y suficiente para su 'correcta' aplicación. El problema irrumpe con la aparición de los casos marginales o atípicos, em los que faltan algunas propriedades, por lo común concomitantes, o está presente uma adicional, de carácter insólito'." (VELLOSO, Andrei Pitten. *Princípio da especificidade conceitual, vagueza da linguagem e tributação*. 2004. Inédito)

[212] DOMINGUES DE OLIVEIRA, José Marcos. Legalidade Tributária: O princípio da proporcionalidade e a tipicidade aberta. *Revista de Direito Tributário* n° 70, p. 106-116.

[213] O STF reconheceu a inconstitucionalidade da Taxa de Fiscalização Ambiental instituída pela Lei 9.960/2000 dentre outras razões porque definira como contribuintes as pessoas que exercessem atividades potencialmente poluidoras ou utilizadoras de recursos ambientais, sem as especificar (ADIN 2.178). Não é importante, aqui, esclarecer se, no caso, efetivamente não havia meios para determinar os contribuintes, mas apenas ressaltar que tal necessidade de determinação foi considerada pelo STF.

É certo que os regulamentos são para a fiel execução da lei. Mas a amplitude do seu conteúdo é variável. Não basta, pois, fazer-se a distinção entre os regulamentos *praeter legem*, vedados no Direito brasileiro, e os regulamentos *intra legem*, em geral admitidos. Não nos parece adequado entender que no Direito Tributário, assim como nos demais ramos, sempre se viabilizam os regulamentos *intra legem*, desde que não ofendam a lei, sem se perquirir sobre se isso implica colocar ou não nas mãos do Executivo não apenas esclarecer ou especificar e operacionalizar a sua aplicação, mas também eventual juízo de valor que implique, em verdade, integrar a norma tributária impositiva, alterando o conteúdo da obrigação tributária.[214] Isso

---

[214] O STF admitiu o regulamento *intra legem* com tal conteúdo normativo: EMENTA: "CONSTITUCIONAL. TRIBUTÁRIO. CONTRIBUIÇÃO: SEGURO DE ACIDENTE DO TRABALHO – SAT. Lei 7.787/89, arts. 3° e 4°; Lei 8.212/91, art. 22, II, redação da Lei 9.732/98. Decretos 612/92, 2.173/97 e 3.048/99. C.F., artigo 195, § 4°; art. 154, II; art. 5°, II; art. 150, I. I. – Contribuição para o custeio do Seguro de Acidente do Trabalho – SAT: Lei 7.787/89, art. 3°, II; Lei 8.212/91, art. 22, II: alegação no sentido de que são ofensivos ao art. 195, § 4°, c/c art. 154, I, da Constituição Federal: improcedência. Desnecessidade de observância da técnica da competência residual da União, C.F., art. 154, I. Desnecessidade de lei complementar para a instituição da contribuição para o SAT. II. – O art. 3°, II, da Lei 7.787/89, não é ofensivo ao princípio da igualdade, por isso que o art. 4° da mencionada Lei 7.787/89 cuidou de tratar desigualmente aos desiguais. III. – As Leis 7.787/89, art. 3°, II, e 8.212/91, art. 22, II, definem, satisfatoriamente, todos os elementos capazes de fazer nascer a obrigação tributária válida. O fato de a lei deixar para o regulamento a complementação dos conceitos de 'atividade preponderante' e 'grau de risco leve, médio e grave', não implica ofensa ao princípio da legalidade genérica, C.F., art. 5°, II, e da legalidade tributária, C.F., art. 150, I. IV. – Se o regulamento vai além do conteúdo da lei, a questão não é de inconstitucionalidade, mas de ilegalidade, matéria que não integra o contencioso constitucional. V. – Recurso extraordinário não conhecido." (STF, Plenário, unânime, RE 343.446/SC, rel. Min. Carlos Velloso, mar/2003) Eis excerto do voto condutor relativamente à análise da legalidade tributária: "O Sr. Ministro CARLOS VELLOSO (Relator): [...] Finalmente, esclareça-se que as leis em apreço definem, bem registrou a Ministra Ellen Gracie, no voto, em que se embasa o acórdão, 'satisfatoriamente todos os elementos capazes de fazer nascer uma obrigação tributária válida.' O fato de a lei deixar para o regulamento a complementação dos conceitos de 'atividade preponderante' e 'grau de risco leve, médio ou grave', não implica ofensa ao princípio da legalidade tributária, C.F., art. 150, I. Na verdade, tanto a base de cálculo, que Geraldo Ataliba denomina de base imponível, quanto 'outro critério quantitativo que – combinado com a base imponível – permita a fixação do débito tributário, decorrente de cada fato imponível', devem ser estabelecidos pela lei. Esse critério quantitativo é a alíquota. (Geraldo Ataliba, *Hipótese de Incidência Tributária*, 3ª ed., p. 106/107). Em certos casos, entretanto, a aplicação da lei, no caso concreto, exige a aferição de dados e elementos. Nesses casos, a lei, fixando parâmetros e padrões,

porque, como visto, o art. 150, I, da CF expressamente concede ao contribuinte uma garantia qualificada, consistente na instituição do tributo pela própria lei.

comete ao regulamento essa aferição. Não há falar, em casos assim, em delegação pura, que é ofensiva ao princípio da legalidade genérica (C.F., art. 5°, II) e da legalidade tributária (C.F., art. 150, I). No julgamento do RE 290.079/SC, decidimos questão semelhante. Lá, a norma primária, D.L. 1.422/75, art. 1°, § 2°, estabeleceu que a alíquota seria fixada pelo Poder Executivo, observados os parâmetros e padrões postos na norma primária. No meu voto, fiz a distinção da delegação pura, que a Constituição não permite, da atribuição que a lei comete ao regulamento para a aferição de dados, em concreto, justamente para a boa aplicação concreta da lei. Destaco do voto que proferi: '[...] Estou, entretanto, que o § 2° do art. 1° do DL 1.422/75 não contém regra de delegação pura, situando-se a norma ali inscrita no campo da regulamentação, atribuição que era e é atribuída ao Poder Executivo (CF/67, art. 81, III; CF/88, art. 84, IV), na linha de que o Estado moderno requer a adoção de técnicas de administração, dado que, conforme lecionou, na Suprema Corte americana, o Juiz Frankfurter, registra Bernard Schwartz, 'ao referir-se à separação dos poderes, as exigências práticas do Governo impedem a sua aplicação doutrinária, pois estamos lidando com aquilo a que Madison chamava uma 'máxima política' e não uma regra de lei técnica.' (Frankfurter, *The Public and its Government* (1930), pág. 77; Bernard Schwartz, 'Direito Constitucional Americano', Forense, págs. 349-350). [...]'. Aduzi, mais: '[...] Em trabalho de doutrina que escrevi – 'A Delegação Legislativa A Legislação por Associações', no meu *Temas de Direito Público*, 1ª ed., 2ª tiragem, págs. 424 e segs. – registrei que, sob o pálio da Constituição americana de 1.787, a velha Constituição da Filadélfia, que não admite a delegação, a Suprema Corte norte-americana tem admitido a legislação pelo Executivo, em termos de regulamentação, como técnica de administração, desde que observados os seguintes critérios: a) a delegação pode ser retirada daquele que a recebeu, a qualquer momento, por decisão do Congresso; b) o Congresso fixa *standards* ou padrões que limitam a ação do delegado; c) razoabilidade da delegação. No controle de constitucionalidade da norma regulamentar, a Suprema Corte verifica a observância dos padrões mencionados. Deixar por conta do Executivo estabelecer normas, em termos de regulamento, regulamento que não pode ir além do conteúdo da norma regulamentada, é medida que se adota tendo-se em linha de conta as necessidades da administração pública na realização do interesse coletivo, do interesse público. Aqui, a lei, conforme vimos, fixou os padrões, condicionando e limitando o Executivo no estabelecimento da alíquota do salário-educação, impondo-se, no caso, a atividade regulamentar, tendo em vista a impossibilidade de a lei fixá-la, adequadamente. Registrei, em trabalho doutrinário – 'Do Poder Regulamentar', *Temas de Direito Público*, citado, págs. 439 e segs. – que o regulamento não pode inovar na ordem jurídica, pelo que não tem legitimidade constitucional o regulamento praeter legem. Todavia, o regulamento delegado ou autorizado ou intra legem é condizente com a ordem jurídico-constitucional brasileira. Após mencionar a classificação dos regulamentos e dissertar sobre a ilegitimidade do regulamento autônomo, no sistema brasileiro, escrevi: 'Já o regulamento delegado ou autorizado (item 5) intra legem, é admitido pelo Direito Constitucional brasileiro, claro, porém, que não pode 'ser elaborado praeter legem, porquanto o seu campo de ação ficou restrito à simples execução de lei.' (Oswaldo Aranha Bandeira de Mello, *Princípios Gerais do Dir. Administrativo*, 2ª ed. Forense, I/354; Celso Bastos, *Curso de Dir. Const.*, Saraiva, 3ª ed.,

Quanto às chamadas normas em branco, não se pode dizer também, de modo abstrato e *a priori*, que sejam vedadas em matéria de instituição de tributos. Há que se distinguir, aqui, a necessidade de complementação da norma mediante a incorporação de elemento normativo, deôntico, o que é incompatível com a legalidade absoluta porque

---

p. 177). Votando no Supremo Tribunal Federal, o Ministro Aliomar Baleeiro traçou os contornos desse regulamento, exatamente como admitido pelo Direito brasileiro: se a lei fixa exigências taxativas, é exorbitante o regulamento que estabelece outras, como é exorbitante o regulamento que faz exigência que não se contém nas condições exigidas pela lei. Mas, acrescentou o Ministro Baleeiro: 'Meu voto confirmaria o v. acórdão se a Lei nº 4.862 expressamente autorizasse o regulamento a estabelecer condições outras, além das que ela estatuir. Aí, não seria delegação proibida de atribuições, mas flexibilidade na fixação de standards jurídicos de caráter técnico, a que se refere Stati. (Voto no RE 76.629-RS, RTJ 71/477).' Acrescentei, então, que esse é o tipo de regulamento que a Suprema Corte americana permite ('Temas de Direito Público', págs. 452-453). No caso, não custa relembrar, a lei condicionou e limitou o Executivo, fixando padrões e parâmetros. Observados tais padrões e parâmetros, fixaria o Executivo a alíquota do salário-educação, e isto tendo em vista a impossibilidade de a lei fixá-la, adequadamente, conforme vimos. [...] . No caso, o § 3º do art. 22 da Lei 8.212/91, estabeleceu que o Ministério do Trabalho e da Prev. Social 'poderá alterar, com base nas estatísticas de acidentes do trabalho, apuradas em inspeção, o enquadramento de empresas para efeito da contribuição a que se refere o inciso II deste artigo, a fim de estimular investimentos em prevenção de acidentes.' Da leitura conjugada do inc. II, alíneas *a*, *b* e *c*, do art. 22, com o § 3º, do mesmo artigo, vê-se que a norma primária, fixando a alíquota, delegou ao regulamento alterar, com base em estatística, o enquadramento referido nas mencionadas alíneas. A norma primária, pois, fixou os padrões e, para a sua boa aplicação em concreto, cometeu ao regulamento as atribuições mencionadas. Com exemplar acerto, disse, a propósito, a então Juíza Ellen Gracie, hoje eminente Ministra desta Corte: '[...] pode a norma infralegal, dentro de seu campo de conformação, definir o que se haveria de entender por atividade preponderante da empresa. Assim agindo, desde que não se chegue a violentar o sentido emanado do texto legal, exsurge legítimo o exercício do respectivo poder regulamentar. [...] Os conceitos de 'atividade preponderante' e 'grau de risco leve, médio ou grave' são passíveis de serem complementados por decreto, ao regulamentar a previsão legislativa. Não se está modificando os elementos essenciais da contribuição, mas delimitando conceitos necessários à aplicação concreta da norma. Restaram observados, portanto, os princípios da legalidade genérica (C.F., art. 5º, inciso II) e específica ou estrita (C.F., art. 150, inciso I e C.T.N., art. 97). [...]' (fl. 264). Tem-se, no caso, portanto, regulamento delegado, intra legem, condizente com a ordem jurídico-constitucional. Agora, se o regulamento foi além da lei – e na verdade é isto o que se alega – a questão não é de inconstitucionalidade. Se verdadeira a alegação, ter-se-ia questão de ilegalidade, que não integra o contencioso constitucional e que, bem por isso, não autoriza admissão do recurso extraordinário, restrito ao contencioso constitucional." (transcrição constante do Informativo do STF nº 302, mar/2003)

implicaria delegação indevida ao Executivo,[215] da complementação mediante simples identificação de dados fáticos ou técnicos necessários à aplicação da norma que, em lei, sob a perspectiva deôntica, esteja completa. Quanto a este último tipo de norma tributária em branco, não há o que se opor mesmo sob a perspectiva da reserva absoluta e da garantia da certeza do direito.

Aliás, quanto a este ponto, há precedente importante do Supremo Tribunal Federal dizendo da inconstitucionalidade de lei tributária que deixa de fixar a alíquota do tributo e dispõe, simplesmente, no sentido de que corresponderia à alíquota máxima estabelecida por Resolução do Senado.[216][217] O voto condutor do Ministro Marco Aurélio foi preciso:

---

[215] "[...] não se pode admitir a existência de norma tributária aberta, de norma tributária em branco, pois a função consistente em descrever legislativamente a regra matriz de incidência tributária coube, por expressa opção constitucional, única e tão-somente ao Legislativo, não podendo o Executivo alterar-lhe o produto ou suprir-lhe as eventuais faltas e omissões." (J.A. Lima Gonçalves, *Isonomia na Norma Tributária*, Malheiros, 1993, p. 39)

[216] "TRIBUTO. FIXAÇÃO DE ALÍQUOTA X TETO. IMPOSTO DE TRANSMISSÃO *CAUSA MORTIS*. LEI Nº 10.260/89, DO ESTADO DE PERNAMBUCO. Não se coaduna com o sistema constitucional norma reveladora de automaticidade quanto á alíquota do imposto de transmissão *causa mortis*, a evidenciar a correspondência com o limite máximo fixado em resolução do Senado Federal." (STF, Plenário, RE 213.266-7/PE, rel. Min. Marco Aurélio, out/1999, DJU de 17.12.1999)

[217] No mesmo sentido: "RECURSO EXTRAORDINÁRIO. AUMENTO DO VALOR DA ALÍQUOTA COM BASE NA LEI 10.160/89 DO ESTADO DE PERNAMBUCO. Ao julgar o AGRAG 225.956, esta Primeira Turma, em caso análogo ao presente, assim decidiu: 'Inexistem as alegadas ofensas ao artigo 155 e 1º da Carta Magna Federal, porquanto o acórdão recorrido não negou que o Estado-membro tenha competência para instituir impostos estaduais, nem que o Senado seja competente para fixar a alíquota máxima para os impostos de transmissão *mortis causa* e de doação, mas, sim, sustentou corretamente que ele, por força do artigo 150, I, da Carta Magna só pode aumentar tributo por lei estadual específica e não por meio de lei que se atrele genericamente a essa alíquota máxima fixada pelo Senado e varie posteriormente com ela, até porque o princípio da anterioridade, a que está sujeita essa lei estadual de aumento, diz respeito ao exercício financeiro em que ela haja sido publicada e não, por relacionamento, à resolução do Senado que aumentou o limite máximo da alíquota. Note-se, ademais, que o acórdão recorrido não declarou a inconstitucionalidade da Lei estadual em causa (a de nº 10.160/89), uma vez que admitiu que essa atrelagem fosse específica, ou seja, que, com a edição dessa lei estadual, o tributo foi aumentado com base na alíquota máxima da resolução do Senado então vigente, persistindo essa alíquota até que venha a ser modificada por outra lei estadual específica'. Dessa orientação não divergiu o acórdão recorrido. Recurso extraordinário não conhecido." STF, RE Nº 224.407-PE, rel. Min. Moreira Alves. (STF, Informativo 150, 21 de maio de 1999)

[...] atente-se para a norma do inc. I do art. 150 da Constituição Federal de 1988, segundo a qual a União, os Estados, o Distrito Federal e os Municípios não podem exigir ou aumentar tributo sem lei que o estabeleça. A alusão à lei guarda especificidade, considerada a competência normativa tributária. Ora, está-se diante de tributo da competência dos Estados – art. 155, inc. I, do Diploma Maior. Assim, apenas a estes, dada a autonomia conferida pela Carta da República, compete estabelecer a alíquota do tributo. Descabe confundir o teto a ser definido pelo Senado federal, consoante dispõe o inc. IV do § 1º, do art. 155, com a própria estipulação da alíquota. No caso, conflita com a exigência de lei local, fixando-a, norma, embora emanada da Assembléia, no sentido de o tributo corresponder à alíquota máxima a ser observada, ou seja, a decorrente de resolução do Senado Federal. A automaticidade empreendida contraria o sistema constitucional, misturando-se institutos diversos, competências normativas próprias, como são a referente à fixação da alíquota, sempre a cargo do Poder Legislativo local, e o estabelecimento do teto a ser obedecido em tal procedimento.

Em qualquer caso, pois, estejamos cuidando de conceitos jurídicos indeterminados ou de norma tributária em branco, podemos recorrer à simples, mas adequada e precisa, verificação de se a lei traz os dados suficientes para que se determine, relativamente ao caso concretos, os diversos aspectos da norma tributária impositiva.

23. A certeza quanto à norma tributária impositiva em abstrato x a aplicação do direito

A definição em abstrato dos aspectos da norma tributária impositiva está sob reserva legal absoluta. Cabe ao legislador, ao instituir um tributo, definir o antecedente e o conseqüente da norma. Em se tratando de lei, tem o atributo da generalidade. A previsão legal identifica, por exemplo, qual o aspecto quantitativo, indicando a base de cálculo e a alíquota.

A definição "em concreto" diz respeito a momento posterior, de aplicação da lei. O montante exato da base de cálculo será verificado relativamente a cada fato gerador em concreto por ocasião da aplicação da lei.

Assim é que a base de cálculo do IR é o montante da renda ou dos proventos percebidos pelo contribuinte pessoa física durante o ano, sendo que, por ocasião da sua aplicação, cada contribuinte verifica qual foi a sua própria renda e/ou quais foram os seus próprios proventos, calculando, então, o montante devido. Idêntica é a situação relativamente ao ITR, para o qual a base de cálculo prevista em lei é o valor venal do imóvel, assim considerado o valor da terra nua tributável. A lei não poderia, por certo, dispor sobre o preço do hectare de terra em cada ponto do país; tal não é atribuição do legislador. Ao legislador cabe dizer que a base de cálculo é o valor venal e qual a alíquota; ao aplicador, apurar e calcular o tributo em concreto, verificando o valor de cada imóvel individualmente considerado e aplicando a alíquota.

Nenhuma inconstitucionalidade haveria, pois, relativamente ao IPTU, se a lei municipal se limitasse a estabelecer que a base de cálculo seria o valor venal do imóvel e que, por ato infralegal, o Prefeito estabelecesse a chamada planta fiscal de valores, que é a referência com o valor do metro quadrado por tipo de construção e localização, independentemente de prévio estabelecimento da planta como anexo à lei. A planta fiscal de valores é simples subsídio para a autoridade fiscal promover, de ofício, o lançamento do IPTU; não está no plano da instituição do tributo, da definição abstrata dos aspectos da norma tributária impositiva, mas da aplicação da mesma. É matéria para atos infralegais. Aliás, Geraldo Ataliba já destacava que a planta de valores se insere na categoria de atos administrativos que incumbem ao Executivo, para instrumentar a ação dos agentes, viabilizando a fiel execução da lei:

> [...] a planta de valores: – é ato simplesmente declaratório; não atribui valor a nenhum imóvel, mas revela, espelha o valor que nele existe (ou que ele tem); – não altera, por isso, a lei, não excedendo o limite que nela se contém; – se, eventualmente, em algum caso concreto, sua aplicação, mediante o prosseguimento do lançamento, levar a tal resultado, a ordem jurídica prevê correção administrativa ou judicial; – nesse caso, o que se compromete é ou uma interpretação da planta, ou parte da mesma, ou a própria planta concretamente individualizada; jamais a idéia de planta, ou a competência que o Executivo recebe da lei, para expedi-la; – além do mais, a planta se insere na categoria de atos administrativos incumbentes ao Executivo, para instrumentar a ação dos agentes menores da Administração; – é ato de execução da lei. Ato privativo, por sua natureza, do Executivo; não altera a lei, mas dispõe no sentido de sua

fiel 'execução' (como o quer o n. III do art. 81 da Constituição); – é providência concreta administrativa para orientação dos funcionários; – é ato de aplicação do Direito. Como observa Celso Antônio Bandeira de Mello, não assume função inaugural, não invade o campo da lei, pela circunstância de constituir-se em instrumento de sua aplicação não a um só caso singular, mas a uma generalidade de casos;[218]

Aires F. Barreto também é preciso na análise da matéria, procedendo à distinção entre "base de cálculo" e "base calculada":

> É preciso não confundir base de cálculo com base calculada. Só a primeira está sob reserva absoluta de lei formal. Não a segunda, que é apurável pelo lançamento. Nessa matéria, as perplexidades em que se tem enredado a doutrina, bem assim alguns julgados decorrem de equivocada interpretação do art. 97 do CTN. A modificação da base de cálculo equipara-se à majoração de tributo (§ 1º, do art. 97, do CTN), subordinando-se ao princípio da legalidade. Isto é inequívoco. Todavia, modificação da base de cálculo de um tributo é alteração do seu conceito normativo. É o Código Tributário nacional – tantas vezes se disse – lei sobre leis de tributação. Isto justifica o cunho didático de vários dos seus dispositivos. O § 2º, do art. 97, está voltado para o legislador ordinário, advertindo-o de que a mera variação monetária, a alteração do valor monetária da base de cálculo – que deveria ser designada base calculada – refoge ao princípio da legalidade. As atualização dos preços não podem ser vistas como majoração do tributo porque, se os preços são mutáveis no tempo, e, de acordo com fatores vários e variáveis, os preços de mercado atualizam-se ou deterioram-se, nada mais lógico que o lançamento consigne essas mutações. Impedir se efetivem seria o mesmo que vedar se impusessem as alíquotas do ICMS ou do IPI sobre o preço corrente das mercadorias ou dos produtos, mantendo-se a tributação com base nos preços de exercício anteriores. [...] No átimo da criação (instituição), a lei não contém – e nem pode conter – a base calculada. Limita-se, como é de ciência, a descrever o critério de determinação. [...] 11. A base convertida em cifra, individualizada, traduzida em termos monetários, denomina-se base calculada. Situada no campo dos fatos, a base calculada não sofre a irradiação do princípio da estrita legalidade. A base calculada, isto é, determinada, medida, como individualização dos fatos tributários, é matéria fática, detectável pelo lançamento, é dizer: pelo ato de aplicação da norma material ao caso concreto, a cargo da Administração.[219]

---

218 ATALIBA, Geraldo. Avaliação de imóveis para lançamento de imposto – Ato administrativo por natureza – Caráter regulamentar da planta de valores – Atualização de valores imobiliários, em *Revista de Direito Tributário* 7-8/54 e 55, *apud* FURLAN, Valéria C. P. *IPTU*, Malheiros: 2000, p. 181.
219 BARRETO, Aires F. *ISS na Constituição e na lei*. São Paulo: Dialética, 2003, p. 14/16 e nota 11 na p. 16.

Os precedentes do STF[220] no sentido de a planta fiscal de valores deve constar de lei, bem como a Súmula 13 do TASP,[221] mostram-se, pois, equivocados. A exigência de certeza do direito não exige a definição da base de cálculo em concreto, mas apenas em abstrato, havendo já precedente do STJ mais adequado neste sentido.[222]

A definição em abstrato da base de cálculo mediante simples referência ao valor venal, por exemplo, cumpre a exigência de determinabilidade quanto ao conteúdo da obrigação de pagar tributo, pois provê critérios suficientes para a posterior apuração do montante da obrigação de cada contribuinte.

---

[220] "[...] O valor venal dos imóveis de uma cidade pode ser atualizado por lei, mas não por decreto do prefeito. O prefeito só pode corrigir monetariamente os valores já fixados de acordo com a lei anterior. Recurso extraordinário conhecido e provido." (STF, RE 92.335/SP, RTJ 96/880)

[221] Súmula 13 do TASP: "O Imposto Predial e Territorial urbano só pode ser majorado por lei, sendo insuficiente a que autorize o Poder Executivo a editar Plantas Genéricas contendo valores que alterem a base de cálculo do tributo." (IUJ 344.128, Pleno, Palmital, rel. Juiz Wanderley Racy, fev/1987, JTA 105/34)

[222] "TRIBUTÁRIO. ITR. VALOR DA TERRA NUA. FIXAÇÃO VIA INSTRUÇÃO NORMATIVA DA RECEITA FEDERAL. LEGALIDADE. É legal a Instrução Normativa n° 42/96 da Receita Federal que fixa o valor da terra nua para o lançamento do ITR, nos termos do § 2° do art. 3° da Lei 8847/94. Recurso especial provido." (STJ, 1ª T., unânime, REsp 412.977/PE, rel. Min. Garcia Vieira, ago/2002)

Capítulo V
Certeza do Direito e Conhecimento Prévio da Lei Tributária Impositiva

24. A proteção ao direito adquirido, ao ato jurídico perfeito e à coisa julgada

A segurança jurídica, enquanto certeza do direito, implica proteção contra inovações legislativas que impliquem a alteração gravosa dos efeitos jurídicos relativos a fatos já ocorridos.

Neste sentido, veja-se a lição de Luís Afonso Heck:

EXAME DA RETROATIVIDADE. A certeza jurídica significa para o cidadão, em primeiro lugar, proteção à confiança, que ele pode dispensar ao direito devidamente estatuído e que lhe possibilita planejar e calcular a longo prazo, ou seja, construir sobre a estabilidade e a calculabilidade do direito. O cidadão deve poder prever as possíveis intervenções estatais a ele opostas e, em conformidade com isso, poder preparar-se; ele deve poder confiar em que a sua atuação, conforme com o direito vigente, fique reconhecida, pela ordem jurídica, com todas as conseqüências jurídicas iniciais vinculadas a isso. O cidadão, fundamentalmente, deve poder confiar em que o legislador não vincule efeitos mais desfavoráveis a fatos consumados do que era previsível no momento da sua consumação com base na ordem jurídica vigente.[223]

Discute-se, contudo, em que grau se dá tal proteção, se alcança apenas situações já consolidadas e os efeitos já ocorridos ou também efeitos presentes de fatos passados e situações em curso.

---
[223] HECK, Luís Afonso. *O Tribunal Constitucional Federal e o Desenvolvimento dos Princípios Constitucionais: contributo para uma compreensão da Jurisdição Constitucional Federal Alemã*. Porto Alegre: Fabris, 1995, p. 187.

Luís Afonso Heck distingue a retroatividade em sentido próprio (retroativa), da retroatividade em sentido impróprio (retrospectiva):

1.1. Retroatividade em sentido próprio

A retroatividade em sentido próprio (retroativa) de uma lei somente existe se ela intervém, ulteriormente, de forma alterante, em fatos efetuados, pertencentes ao passado.

1.2. Retroatividade em sentido impróprio

A retroatividade em sentido impróprio (retrospectiva) figura quando a lei atua, em verdade, diretamente só sobre fatos presentes, ainda que não consumados, para o futuro, mas, com isso, ao mesmo tempo, desvaloriza ulteriormente a posição jurídica afetada de todo.[224]

Francisco Pinto Rabello Filho faz tanto a distinção entre retroatividades própria e imprópria como a distinção entre retroatividades máxima, média e mínima:

Fala-se em retroatividade autêntica ou própria como sendo aquela em que a lei nova derrama efeito sobre o passado, alcançando-o (*ex tunc*). É a aplicação da nova lei a fatos pertencentes ao passado e definitivamente estabilizados. [...] Já a retroatividade inautêntica ou imprópria (retrospectividade) tem que ver com situações ainda não concluídas por ocasião do advento da lei nova, que as alcança, não obstante assim em fase de formação. [...] Não há apenas esse falar em retroatividade autêntica e inautêntica. [...] há ainda uma classificação da lei nova levando em conta seus efeitos. Fala-se por esse ângulo em (a) retroatividade máxima, quando a lei se aplica integralmente aos fatos e atos passados, atingindo mesmo o ato jurídico perfeito e as relações já consolidadas; (b) retroatividade média, quando a nova lei atinge os efeitos pendentes do ato jurídico perfeito verificado antes de seu surgimento (da lei nova); e (c) retroatividade mínima, quando a nova lei afeta os efeitos dos atos anteriores, mas produzidos após seu advento (da nova lei). No que diz respeito às chamadas retroatividade autêntica, retroatividade máxima e retroatividade média, é inteiramente fora de dúvida que a nova lei atira também para trás de si seus efeitos, atingindo as situações outrora ocorridas.[225]

Humberto Bergmann Ávila, seguindo a proposta de Vogel/Waldhoff, expõe de modo ainda mais detalhado as várias hipóteses em que uma norma pode abranger fatos passados: a) quando o fato jurídico e a conseqüência jurídica são pretéritas à lei; b) quando o fato jurídico é preté-

---

[224] HECK, Luís Afonso. *O Tribunal...*, p. 187.
[225] RABELLO FILHO, Francisco Pinto. *O Princípio da Anterioridade da lei Tributária*. São Paulo: RT, 2002, p. 86/88.

rito e a conseqüência jurídica é posterior; c) quando parte do fato jurídico é pretérito e parte do fato jurídico e a conseqüência jurídica são posteriores; d) quando a ação ou omissão causadora são pretéritas e o fato jurídico e a conseqüência jurídicas são posteriores; e) quando a ação ou omissão causadora são em parte pretéritas mas também são em parte posteriores, como são posteriores o fato jurídico e a conseqüência jurídica.[226]

Certo grau de irretroatividade tributária poderia ser extraído diretamente do princípio do Estado de Direito. Contudo, com tal fundamento, abarcaria situações já consumadas, direitos adquiridos e atos jurídicos perfeitos, ensejando, quanto ao mais, questionamentos acerca de se o contribuinte poderia ou deveria ter contado com o surgimento do novo ônus tributário.[227] De outro lado, uma irretroatividade que implique proteção integral contra quaisquer alterações de efeitos jurídicos de fatos total ou parcialmente já ocorridos depende de previsão constitucional expressa e específica.

Assim é que Luís Afonso Heck, cuidando da questão em atenção aos precedentes do Tribunal Constitucional Federal alemão, ensina que leis onerosas que alcancem fatos consumados são, em geral, incompatíveis com o princípio do Estado de Direito, mas que a retroatividade chamada retrospectiva ou imprópria seria admissível, sem prejuízo de eventuais discussões sobre a proteção à confiança em determinados casos particulares, quando a pessoa não tinha que ter em consideração a possibilidade de alteração. Vejam-se as suas palavras:

---
[226] ÁVILA, Humberto Bergmann. *Sistema...*, p. 145/148.
[227] Abordando a temática relativamente aos direitos sociais, INGO WOLFGANG SARLET vai além, entendendo que o princípio da proteção da confiança também resguarda contra a retroatividade imprópria: "Como concretização do princípio da segurança jurídica, o princípio da proteção da confiança serve como fundamento para limitação das leis retroativas que agridem situações fáticas já consolidadas (retroatividade própria), ou que atingem situações fáticas atuais, acabando, contudo, por restringir posições jurídicas geradas no passado (retroatividade imprópria), já que a idéia de segurança jurídica pressupõe a confiança na estabilidade de uma situação legal atual." (SARLET, Ingo Wolfgang. A Eficácia do Direito Fundamental à Segurança Jurídica: Dignidade da Pessoa Humana, Direitos Fundamentais e Proibição de Retrocesso Social no Direito Constitucional Brasileiro. In ROCHA, Carmem Lúcia Antunes. *Constituição...*, p. 125)

1.3.1. Retroatividade retroativa

A proibição básica da retroatividade de leis onerosas descansa na concepção da proteção à confiança. A Constituição protege essencialmente a confiança no sentido de que as conseqüências jurídicas legais, ligadas a fatos consumados, fiquem reconhecidas. Por isso, leis onerosas, que incluem uma retroatividade retroativa, são, em geral, incompatíveis com o Princípio do Estado de Direito.

Uma proibição absoluta a leis com retroatividade é enunciada, pela Lei fundamental, apenas para o Direito Penal, no art. 103, alínea 2. Disso não se deve inferir que a retroatividade seja, de resto, constitucionalmente inofensiva. *Com a exclusão do Direito Penal, leis com retroatividade não são pura e simplesmente inadmissíveis.* A regra é, então, a não-retroatividade e, a exceção, a retroatividade. Em conseqüência dessa exceção, que equivale à admissão da retroatividade retroativa, a proteção à confiança não entra em conta quando a confiança do cidadão na permanência de uma determinada regulação legal *não pode exigir com razoabilidade uma consideração do legislador.* Essa situação configura-se onde não pode haver confiança ou onde não seria justificada com objetividade ou onde não seria digna de proteção com objetividade. Os casos correspondentes, que compõem, simultaneamente, os limites da retroatividade retroativa, são os seguintes:

a) a confiança não é digna de proteção se o cidadão, consoante com a situação jurídica do momento ao qual se refere o começo da conseqüência jurídica da lei, deveria contar com essa regulação;

b) o cidadão não pode, no seu planejamento, confiar no direito vigente se esse é indistinto e confuso. Em tais circunstâncias deve ser permitido ao legislador esclarecer a posição legal com retroatividade;

c) o cidadão não pode confiar sempre na aparência produzida por uma norma írrita. O legislador, por conseguinte, talvez possa substituir, com retroatividade, uma determinação nula por uma norma juridicamente não objetável;

d) razões forçosas do bem-estar comum, superiores ao preceito da certeza jurídica, podem justificar uma disposição com retroatividade.

1.3.2. Retroatividade retrospectiva

A retroatividade retrospectiva, por sua vez, é fundamentalmente admissível. Do preceito estatal-jurídico da certeza jurídica resultam, todavia, limites constitucionais para o legislador. O ponto de vista da proteção à confiança também pode, de acordo com a situação das relações no caso particular, estabelecer lindes ao poder normativo. A confiança é desiludida, na retroatividade retrospectiva, quando a lei efetua uma intervenção desvalorizadora com a qual o cidadão não precisava contar, i.e., que ele não podia tomar em consideração nas suas disposições. A confiança do cidadão pode, então, talvez pedir proteção contra a retroatividade retrospectiva. Porém a proteção constitucional à confiança – em especial quando a posição jurídica afetada depende de concessão estatal – não vai tão longe a ponto de preservar o cidadão de toda a desilusão. Do contrário, o conflito carecente de compensação, entre a segurança da ordem jurídica e a necessidade de sua alteração, em vista da mudança das condições de vida, seria solucionado de modo injustificável, com ônus para a adaptabilidade da ordem jurídica. Com isso, o legislador democrático, obrigado ao bem-estar comum, seria paralisado em importantes setores diante dos interesses individuais e o bem-estar comum seria ameaçado com gravidade.

A determinação dos limites de uma admissão da retroatividade retrospectiva, sobrevém da avaliação confrontadora da confiança do particular na permanência de uma regulação legal (ou da dimensão do dano à confiança do particular) e do significado da pretensão legislativa para o bem-estar comum; somente quando da pesagem resulta que a confiança na certeza da situação existente merece a primazia, a retroatividade é inadmissível.[228]

A Constituição da República Federativa do Brasil de 1988 não traz uma regra geral de irretroatividade. Seu art. 5º, inciso XXXVI, estabelece, apenas, que "a lei não prejudicará o direito adquirido, o ato jurídico perfeito e a coisa julgada".

Ainda que se possa extrair diretamente do princípio do Estado de Direito a idéia de irretroatividade da lei, ela assume o contorno de impedir que lei nova alcance direitos adquiridos e atos jurídicos perfeitos, ou seja, posições jurídicas já definitivamente constituídas. Assim, não pode influir sobre direitos já consumados ou, embora não consumados, já adquiridos, pendentes apenas de exercício ou exaurimento, tampouco infirmar atos jurídicos perfeitos.[229]

A Constituição de 1988 estabelece a irretroatividade, isto sim, como garantia especial quanto à definição de crimes e ao estabelecimento de penas[230] e quanto à instituição e à majoração de tributos.

Luís Roberto Barroso destaca o modo como a irretroatividade aparece no texto constitucional e o conteúdo que assume:

---

[228] HECK, Luís Afonso. *O Tribunal Constitucional Federal e o Desenvolvimento dos Princípios Constitucionais: contributo para uma compreensão da Jurisdição Constitucional Federal Alemã.* Porto Alegre: Fabris, 1995, p. 187 a 192.

[229] Sobre a irretroatividade das leis de ordem pública e respectivas discussões, vide item 10 *infra*.

[230] CRFB: "Art. 5º [...] XXXIX – não há crime sem lei anterior que o defina, nem pena sem prévia cominação legal;"

Calha observar que, embora a não-retroatividade seja a regra, trata-se de princípio que somente condiciona a atividade jurídica do Estado nas hipóteses expressamente previstas na Constituição, a saber: a) a proteção da segurança jurídica no domínio das relações sociais, veiculada no art. 5º, XXXVI, anteriormente citado; b) a proteção da liberdade do indivíduo contra a aplicação retroativa da lei penal, contida no art. 5º, XL ('a lei penal não retroagirá, salvo para beneficiar o réu'); c) a proteção do contribuinte contra a voracidade retroativa do Fisco, constante do art. 150, III, "a" (é vedada a cobrança de tributos "em relação a fatos geradores ocorridos antes do início da vigência da lei que os houver instituído ou aumentado"). Fora dessas hipóteses, a retroatividade da norma é tolerável. [...] mesmo na interpretação da vontade constitucional originária, a irretroatividade há de ser a regra, e a retroatividade a exceção. Sempre que for possível, incumbe ao exegeta aplicar o direito positivo, de qualquer nível, sem afetar situações jurídicas já definitivamente constituídas. E mais: não há retroatividade tácita.[231]

Vê-se que a irretroatividade tributária, assim como a irretroatividade penal, tem sustentação específica.

25. A irretroatividade tributária como garantia especial e qualificada

A irretroatividade, relativamente à instituição e à majoração de tributos, constitui garantia constitucional expressa, enunciada nos seguintes termos:

Art. 150. Sem prejuízo de outras garantias asseguradas ao contribuinte, é vedado à União, aos Estados, ao Distrito Federal e aos Municípios:

[...]

III – cobrar tributos:

a) em relação a fatos geradores ocorridos antes do início da vigência da lei que os houver instituído ou aumentado;

É preciso considerar, desde logo, que se cuida de garantia tributária surgida com a Constituição da República Federativa do Brasil de 1988. Não constava das Constituições anteriores. Impende, pois, que se tenha cuidado com a produção doutrinária pretérita e com a que, mesmo posterior, não tenha dado a devida consideração aos efeitos de tal inovação.

---

[231] BARROSO, Luís Roberto. Em Algum lugar do Passado: Segurança Jurídica, Direito Intertemporal e o Novo Código Civil. In: CÁRMEN, op. cit., p. 142/143.

A par disso, no estudo da matéria, deve-se atentar para o fato de que, embora a Constituição portuguesa de 1976 também preveja a irretroatividade da lei tributária,[232] esta garantia não encontra paralelo na maioria das Constituições estrangeiras.[233] Faz-se necessário, assim, que se tenham reservas relativamente às conclusões no sentido da permissão da retroatividade da lei tributária tomadas em face de ordenamentos jurídicos em que a irretroatividade tributária não é consagrada constitucionalmente.

Também abordagens da retroatividade das leis formuladas tendo em consideração que a lei nova se presume melhor que a lei antiga não encontram aplicação à matéria tributária, ao menos na maior parte das vezes. No Direito Tributário, a menos que haja alguma finalidade marcadamente extrafiscal em determinada imposição ou mudança significativa na sistemática de tributação, sequer se pode considerar que a lei nova seja melhor no sentido de implicar aperfeiçoamento do Direito na regulação de qualquer conduta que seja. De fato, a lei tributária mais onerosa não é nem melhor nem pior que a anterior, simplesmente exige mais sacrifício do contribuinte, sendo que seu mérito tem de ser analisado sob a perspectiva da justificação ou não do aumento da carga tributária, da sua necessidade e da sua oportunidade, questões estas de política tributária.[234]

Feitas tais advertências que nos resguardam de premissas equivocadas, viabiliza-se analisar as normas decor-

---

[232] Constituição da República portuguesa, de 25 de Abril de 1976: "Artigo 103º (Sistema fiscal) 3. *Ninguém pode ser obrigado a pagar impostos* que não hajam sido criados nos termos da Constituição, *que tenham natureza retroactiva* ou cuja liquidação e cobrança se não façam nos termos da lei." Disponível em: www.parlamento.pt/const_leg/crp_port/. Acesso em 13 de julho de 2005.

[233] RICARDO LOBO TORRES, *Tratado...*, vol. II, 2005, p. 513: "As Constituições dos Estados Unidos, da Alemanha, da Itália e da Espanha, entre outras, não contêm regras específicas de irretroatividade, que têm sido afirmadas pela doutrina e pela jurisprudência."

[234] Ibidem, p. 42: "O direito tributário, sendo parte do direito financeiro, é meramente instrumental ou processual. Não tem objetivo em si próprio, eis que dispor sobre tributos não constitui finalidade autônoma. O direito tributário vai buscar fora de si o seu objetivo, eis que visa a permitir a implementação de políticas públicas e a atualização dos programas e do planejamento governamental"

rentes da garantia da irretroatividade em matéria tributária no Direito brasileiro.

A enunciação da irretroatividade tributária no art. 150, III, *a*, da Constituição da República Federativa do Brasil de 1988 estabelece, quanto à instituição e à majoração de tributos, uma garantia adicional aos contribuintes, que extrapola a proteção ao direito adquirido e ao ato jurídico perfeito.

Como *instrumento para conceder ao contribuinte um maior nível de certeza quanto ao direito aplicável aos atos que praticar ou à situação que ostentar em determinado momento*,[235] a previsão constitucional de irretroatividade da lei tributária ocupa papel fundamental, implicando uma carga normativa com a qual restam incompatíveis certas retroatividades outrora admitidas no próprio Direito brasileiro[236] e que, até hoje, encontram sustentação no Direito estrangeiro.[237] [238]

A irretroatividade tributária, tal como posta no art. 150, III, *a*, da Constituição, implica a impossibilidade de

---

[235] Caso dos tributos sobre patrimônio.

[236] É o caso da retroatividade imprópria consagrada na Súmula nº 584 do STF.

[237] "A proibição da tributação retroativa não é absoluta no direito norte-americano. A Constituição americana não garante esse direito ao cidadão dos EUA. 'A Corte em deixado claro, especialmente nos últimos anos, que os limites constitucionais federais sobre a retroação da legislação tributária são bastante flexíveis, embora a Suprema Corte americana tenha ocasionalmente invalidado leis tributárias com base na Cláusula *Due Process*.' A principal discussão a respeito do tema da legislação tributária retroativa nos Estados Unidos seria se 'a aplicação retroativa é severa e opressiva a ponto de transgredir as limitações constitucionais'. Em outras palavras, a regra naquele país é que a lei tributária pode retroagir. Não há impedimento expresso na Constituição dos EUA sobre este efeito da lei para alcançar situações ocorridas antes da sua entrada em vigor. As intervenções do Judiciário no sentido de anular leis retroativas têm ocorrido com base em outros argumentos. Assim, a lei tributária americana pode ser aplicada retroativamente contra os contribuintes, 'provado que a aplicação retroativa de uma lei seja sustentada por um propósito legislativo legítimo, promovida por meios racionais [...]'" (Enio Moraes da Silva, *Limites Constitucionais Tributários no Direito Norte-Americano*, Juruá, 2001, p. 96/97) Obs: o Autor relata dois casos interessantes de retroatividade que foram admitidas: a) lei federal que impõe tributos de forma retroativa sobre proprietários de minas, visando a arrecadar recursos em benefício de vítimas de doença pulmonar; b) lei estadual que determinou uma majoração de tributo incidente sobre serviços públicos com retroatividade de onze anos, à vista de decisão do Tribunal Supremo que decidira que havia sido cobrado em excesso neste período.

[238] A retroatividade imprópria nos Direitos alemão e espanhol.

que lei tributária impositiva mais onerosa seja aplicada relativamente a situações pretéritas, independentemente de qualquer outro condicionamento.

Ao prescrever que os entes políticos não podem instituir tributos "em relação a fatos geradores ocorridos antes do início da vigência da lei que os houver instituído ou aumentado", o art. 150, III, *a*, da CRFB visa a garantir o contribuinte contra exigências tributárias sobre *atos, fatos ou situações passados relativamente aos quais já suportou ou suportará os ônus tributários estabelecidos ou que não ensejaram imposições tributárias pelas leis vigentes à época*, que eram do seu conhecimento.

Deflui claramente, pois, que a irretroatividade da lei tributária *vem preservar o passado da atribuição de novos efeitos tributários*, reforçando a própria garantia da legalidade, porquanto resulta na exigência de lei prévia.

Roque Antonio Carraza afirma:

O princípio constitucional da segurança jurídica exige, ainda, que os contribuintes tenham condições de antecipar objetivamente seus direitos e deveres tributários, que, por isto mesmo, só podem surgir de lei, igual para todos, irretroativa e votada pela pessoa política competente. Assim, a segurança jurídica acaba por desembocar no princípio da confiança na lei fiscal, que, como leciona Alberto Xavier, "traduz-se, praticamente, na possibilidade dada ao contribuinte de conhecer e computar os seus encargos tributários com base exclusivamente na lei".[239]

Ao garantir o contribuinte, a irretroatividade está, efetivamente, assegurando-o. O que inspira a garantia da irretroatividade é o princípio da segurança jurídica, que nela encontra um *instrumento de otimização no sentido de prover uma maior certeza do direito*.

Efetivamente, a garantia da irretroatividade está baseada no privilegiamento da segurança jurídica, princípio que deve nortear a atuação do legislador e do aplicador da lei. É proclamada para a concretização da segurança jurídica, com vista a promovê-la.

Humberto Bergmann Ávila destaca que "uma adequada compreensão do alcance da irretroatividade pressupõe

---

[239] CARRAZA, *Curso...* p. 406.

uma compreensão mais abrangente do surgimento e da ocorrência dos fatos jurídicos enquanto pontos no tempo ou processos desenvolvidos durante determinado período".[240] A partir daí, ressalta que a resposta, em cada caso, "depende de saber antes 'do que' deve a lei ser editada".[241] Seguindo Paulo de Barros Carvalho, estabelece, então, a distinção entre evento e fato, destacando que "a incidência de uma norma sobre um fato não é automática", que "depende da intermediação da linguagem"[242] e que os eventos podem ser descritos de várias formas, sendo decisivo, ainda, "Qual aspecto do fato será considerado relevante para a decisão relativa à norma aplicável?".[243] Por fim, "resta construir o fato do ponto de vista do Direito" e definir qual o "ângulo a ser privilegiado na análise das circunstâncias". Exemplifica:

> O intérprete pode atentar apenas para a causa, qualificando de impertinente, para descobrir a alíquota aplicável, a data da ocorrência do fato gerador. Assim como ele pode atentar somente para a data da ocorrência do fato gerador, qualificando de impertinente, para descobrir a alíquota aplicável, a causa da importação. A qual ângulo deve ser dada preferência?

E conclui adiante:

> Segundo a teoria material da argumentação, o intérprete deverá privilegiar um aspecto do fato jurídico em detrimento de outro, sempre que esta preferência for suportada por um princípio jurídico superior. Esta exigência decorre da própria pretensão de eficácia dos princípios, cujo grau superior de abstração permite fundamentar decisões interpretativas mais concretas.
>
> [...] isso representa que o intérprete deverá fundamentar as escolhas feitas entre os aspectos fáticos a serem privilegiados, bem como deverá, dentre as alternativas, optar por aquela que mais intensamente esteja conectada com os princípios constitucionais axiologicamente sobrejacentes. [...] Entre os vários aspectos do fato pertinente, o intérprete principiologicamente orientado deve valorizar aqueles que dizem respeito aos bens jurídicos valorizados pelos princípios constitucionais fundamentais.[244]

---

[240] ÁVILA, Humberto Bergmann. Sistema..., p. 148.
[241] Ibidem, p. 149.
[242] Ibidem, p. 150.
[243] Ibidem, p. 150/151.
[244] Ibidem, p. 152/153.

Daí a imposição de que, na aplicação do art. 150, III, *a*, da CRFB, se construam normas abstratas e também para os casos concretos que afirmem a segurança jurídica enquanto certeza do direito.

A lei, no que diz respeito à instituição e à majoração de tributos, tem, pois, caráter necessariamente prospectivo, sob pena de inconstitucionalidade da eventual retroatividade que determinar.[245]

Impondo a garantia da irretroatividade que o passado seja preservado de qualquer inovação que onere o contribuinte mediante a instituição de novo tributo ou a majoração de tributo já existente, não se pode admitir que a atos, a fatos ou a situações já ocorridos sejam atribuídos novos efeitos tributários, gerando obrigações não previstas quando da sua ocorrência.

26. A ausência de exceções à irretroatividade quanto à instituição e à majoração de tributos

Diferentemente do que acontece com a legalidade, que resta excepcionalmente atenuada pela própria Constituição em alguns casos, bem como com a anterioridade, que conta, também excepcionalmente, com um número certo de exceções, *não há, no texto constitucional, qualquer atenuação ou exceção à irretroatividade tributária.*

Para assegurar ao contribuinte o conhecimento do direito aplicável aos atos que praticar ou situações que

---

[245] É importante observar que, embora vedada no que diz respeito à instituição e à majoração de tributos, a retroatividade não é de todo estranha ao Direito Tributário, havendo normas que se vocacionam mesmo para retroagir, como as de remissão e anistia, além do que o art. 106 do CTN determina a aplicação retroativa da lei posterior mais benéfica relativamente à cominação de penalidades: "Art. 106. A lei aplica-se a ato ou fato pretérito: I – em qualquer caso, quando seja expressamente interpretativa, excluída a aplicação de penalidade à infração dos dispositivos interpretados; II – tratando-se de ato não definitivamente julgado: a) quando deixe de defini-lo como infração; b) quando deixe de tratá-lo como contrário a qualquer exigência de ação ou omissão, desde que não tenha sido fraudulento e não tenha implicado em falta de pagamento de tributo; c) quando lhe comine penalidade menos severa que a prevista na lei vigente ao tempo da sua prática."

ostentar, a Constituição lhe garante que *novas imposições somente poderão ser estabelecidas de modo suficiente por lei*[246] e que normalmente entrarão em vigor apenas no ano subseqüente[247] e no mínimo noventa dias após a publicação da lei,[248] sendo que, *em hipótese alguma, alcançarão o passado*.[249] Este é o nível de certeza do direito assegurado ao contribuinte pela Constituição de 1988.

A ausência de exceções ou mesmo de atenuações à irretroatividade e a necessidade de se assegurar ao contribuinte o máximo de certeza quanto ao direito aplicável, buscando a otimização do valor contemplado no princípio e nas garantias constitucionais em questão fazem com que não seja correto admitir nenhuma espécie de retroatividade, seja máxima, média ou mínima, seja "retroativa" ou retrospectiva, em sentido próprio ou impróprio.

Efetivamente, não poderá ocorrer qualquer retroatividade (seja própria ou imprópria), pois terá a lei instituidora ou majoradora de ser, *necessariamente, prospectiva*. Ou seja, não há que se falar em retroatividade, tampouco na sua variante conhecida por retrospectividade, mas apenas em prospectividade da lei tributária impositiva mais onerosa.

Também neste sentido é a posição de Humberto Bergmann Ávila:

> Seguindo esse entendimento e sendo a segurança jurídica um sobreprincípio constitucional fundamental, o intérprete deverá considerar vedada a modificação retroativa das conseqüências jurídicas, a ligação retroativa da hipótese de incidência tanto no caso das leis com referência pretérita total quanto naquelas com referência pretérita parcial, bem como a hipótese de regulação posterior de fatos pré-causados. Interpretação diversa atribui ao intérprete um ônus argumentativo maior, assim como a demonstração de que sua decisão está amparada por

---

[246] CF: Art. 150. Sem prejuízo de outras garantias asseguradas ao contribuinte, é vedado à União, aos Estados, ao Distrito Federal e aos Municípios: I – exigir ou aumentar tributo sem lei que o estabeleça.

[247] CF: Art. 150 [...] III – cobrar tributos: [...] b) no mesmo exercício financeiro em que haja sido publicada a lei que os instituiu ou aumentou;

[248] CF: Art. 150 [...] III – cobrar tributos: [...] c) antes de decorridos noventa dias da data em que haja sido publicada a lei que os instituiu ou aumentou, observado o disposto na alínea "b";

[249] CF: Art. 150 [...] III – cobrar tributos: a) em relação a fatos geradores ocorridos antes do início da vigência da lei que os houver instituído ou aumentado;

princípios constitucionais de igual suporte axiológico. O não-cumprimento dessa exigência viola não só o princípio da segurança jurídica como, também, o sobreprincípio do Estado de Direito.[250]

Aliás, a Constituição não apenas se abstém de admitir qualquer exceção à irretroatividade como estabelece garantias adicionais, quais sejam, os interstícios mínimos entre a publicação da lei tributária impositiva mais onerosa e o início da sua incidência estampados nas anterioridades de exercício e nonagesimal mínima.

Não há que se perquirir, pois, de flexibilizações ou de fragilizações à irretroatividade, mas, sim, do seu reforço pelas anterioridades.

27. Os diversos aspectos da norma tributária impositiva como critério para a verificação da retroatividade

Impende questionar qual o critério que se precisa ter em conta para verificar se uma nova lei mais onerosa alcança ou não o passado, neste caso atentando contra a certeza do direito na dimensão assegurada pela garantia da irretroatividade.

O tema ganha relevância e complexidade na medida em que se tem de considerar que há tributos com fatos geradores instantâneos, que ocorrem num determinado momento específico (entrada do produto estrangeiro no território nacional, saída do produto industrializado do estabelecimento industrial), com fatos geradores continuados (propriedade predial e territorial urbana, propriedade de veículo automotor) e, ainda, com fatos geradores ditos de período, em que, em verdade, se tem a incidência do tributo relativamente a revelações de riqueza apuradas em determinado período de tempo (renda e lucro trimestrais ou anuais).

O Supremo Tribunal Federal, em quaisquer dessas hipóteses, para a verificação da ocorrência ou não de violação à irretroatividade, tem contrastado a data de vigên-

---
[250] ÁVILA, Humberto Bergmann. Sistema..., p. 152/153.

cia da lei com a data em que a lei estabelece que se deva considerar ocorrido o fato gerador. Toma como referência, pois, o aspecto temporal da hipótese de incidência tributária.[251]

Cabe-nos, porém, tendo em conta a enunciação constitucional da irretroatividade, verificar se tal posicionamento do STF realiza a segurança jurídica enquanto certeza do direito.

O art. 150, III, *a*, impede a retroatividade da lei tributária, tendo como referências: a) a vigência da lei instituidora ou majoradora do tributo; b) a ocorrência do fato gerador.

Impõe-se considerar a locução "fato gerador" no sentido tradicionalmente utilizado no Direito brasileiro e consagrado no art. 114 do CTN, como a situação definida em lei como necessária e suficiente ao surgimento da obrigação tributária. "Fato gerador" está, assim, no sentido de "aspecto material da hipótese de incidência tributária".[252] O próprio CTN, aliás, refere-se a "fato gerador" ao definir o aspecto material dos impostos, tal como se vê no art. 19 relativamente ao imposto sobre a importação (entrada do produto estrangeiro no território nacional) e no art. 43 quanto ao imposto sobre a renda e proventos de qualquer natureza (aquisição da sua disponibilidade econômica ou jurídica).

É um equívoco tomar pela locução "fato gerador", utilizada no art. 150, III, *a*, da CF, o aspecto temporal da hipótese de incidência tributária quando não se identifique com a circunstância de tempo do aspecto material.

---

[251] STF, Plenário, RE 225.602-8, rel. Min. Carlos Velloso, nov/1998.
[252] RICARDO LOBO TORRES, *Tratado...*, vol. II, 2005, p. 518, entende que a referência a "fato gerador ocorrido", constante do art. 150, III, *a*, equivale ao "ato jurídico perfeito" do art. 5º, XXXVI, também da CRFB: "As expressões 'ato jurídico perfeito' e 'fato gerador ocorrido', empregadas pela Constituição para demarcar a extensão da irretroatividade, são equivalentes, guardadas as suas especificidades. Distinguem-se porque o fato gerador do tributo não se esgota no ato ou negócio jurídico, senão que abrange o ato jurídico, o fato jurídico propriamente dito [...] e situação jurídica consolidada [...] A expressão 'fato gerador ocorrido', indicada como balizamento da irretroatividade tributária, é mais completa que 'ato jurídico perfeito' e se aproxima do que roubier chama de situação jurídica consolidada, além de corresponder à definição do art. 114 do CTN [...]"

O aspecto temporal da norma tributária impositiva, tal como tem sido concebido no direito brasileiro, é, muitas vezes, definido por lei mediante ficção destinada a facilitar a aplicação da lei tributária, que determina que se considere o fato gerador como ocorrido em dado e certo momento, perfeitamente identificável, nem sempre coincidente com a ocorrência mesmo do ato, fato ou situação tributados. Relativamente ao imposto sobre a importação, o art. 23 do DL 37/66 determina que se considere ocorrido o fato gerador no momento do registro da declaração de importação para fins de desembaraço;[253] no que diz respeito ao imposto sobre a renda da pessoa jurídica, o art. 2º, § 3º, da Lei 9.430/96 determina a apuração do lucro real em 31 de dezembro de cada ano.[254] Não há que se admitir que tais ficções, voltadas a facilitar a operacionalização do Direito Tributário, sejam tomadas em lugar do próprio fato gerador (aspecto material). O aspecto temporal não tem o condão de substituir ou de se sobrepor ao aspecto material como critério para a verificação da observância das garantias constitucionais.

Quando o art. 150, III, *a*, se refere a "fato gerador" não está se referindo a uma ficção, mas à situação prevista em lei como necessária e suficiente para gerar a obrigação tributária, ou seja, ao aspecto material da hipótese de incidência tributária.

---

[253] DL 37/66: "Art. 23 – Quando se tratar de mercadoria despachada para consumo, considera-se ocorrido o fato gerador na data do registro, na repartição aduaneira, da declaração a que se refere o artigo 44. Parágrafo único. No caso do parágrafo único do artigo 1º, a mercadoria ficará sujeita aos tributos vigorantes na data em que autoridade aduaneira apurar a falta ou dela tiver conhecimento. [...] Art.44 – Toda mercadoria procedente do exterior por qualquer via, destinada a consumo ou a outro regime, sujeita ou não ao pagamento do imposto, deverá ser submetida a despacho aduaneiro, que será processado com base em declaração apresentada à repartição aduaneira no prazo e na forma prescritos em regulamento." Redação do art. 44 dada pelo DL 2.472/88.
[254] Lei 9.430/96: "Art. 2º A pessoa jurídica sujeita a tributação com base no lucro real poderá optar pelo pagamento do imposto, em cada mês, determinado sobre base de cálculo estimada, mediante a aplicação, sobre a receita bruta auferida mensalmente, dos percentuais [...] § 3o A pessoa jurídica que optar pelo pagamento do imposto na forma deste artigo deverá apurar o lucro real em 31 de dezembro de cada ano, exceto nas hipóteses de que tratam os §§ 1º e 2º do artigo anterior."

A certeza do direito exige o conhecimento prévio da lei tributária impositiva e a garantia de que a lei não será alterada posteriormente no que diz respeito aos efeitos tributários dos atos, fatos ou situações verificados sob a sua vigência que foram identificados, pelo legislador, para fazer surgir ou para dimensionar obrigações tributárias.

Essa garantia só será efetiva se atentarmos para aquilo que é, na realidade, objeto da tributação.

Atos já praticados, fatos ou situações já ocorridos não podem ser considerados, por lei nova, como geradores de obrigações tributárias tampouco como passíveis de dimensionar ônus tributário novo.

Esta dualidade, aliás, precisa ser frisada, pois a irretroatividade só se faz efetiva quando o passado não seja tomado em consideração, sob qualquer perspectiva e para qualquer finalidade, na instituição de novo tributo ou majoração de tributo já existente, práticas estas que, necessariamente, devem ser prospectivas.

Desse modo, torna-se necessário ter em consideração a totalidade da norma tributária impositiva, dando prevalência aos aspectos material e quantitativo quando em contraste com o aspecto temporal, o que ocorrerá quando este tenha sido estabelecido não em atenção à circunstância de tempo do próprio aspecto material ou do aspecto quantitativo enquanto critério que dimensiona a riqueza tributada, mas como ficção voltada exclusivamente à chamada praticabilidade da tributação.

O aspecto quantitativo também é absolutamente relevante. Para que haja uma obrigação tributária, é indispensável que haja previsão tanto do fato gerador (aspecto material) como dos demais aspectos da norma tributária impositiva, com ênfase para a base de cálculo (parte do aspecto quantitativo). Como os diversos aspectos têm de ser harmônicos, não apenas o fato gerador é importante para identificar sua natureza jurídica específica do tributo, mas também sua base de cálculo, assim como ambos revelam o que está sendo tributado. A base de cálculo é mesmo bastante relevadora e merece muita atenção para que o legislador, e.g., não institua um imposto sob o pretexto de estar instituindo uma taxa, ou que diga estar tributando determinada situação quando, em verdade, exige pagamentos relativamente a outra manifestação de riqueza ou ato do Estado.

Analisando o art. 4º do CTN, Paulo de Barros Carvalho ressalta:

> [...] faz-se mister analisarmos a hipótese de incidência e a base de cálculo para que possamos ingressar na intimidade estrutural da figura tributária, não bastando, para tanto, a singela verificação do fato gerador, como ingenuamente supôs o legislador do nosso Código Tributário [...] Por certo, tomada a sentença (CTN, art. 4º) como verdadeira, não encontraríamos método para diferenciar impostos de impostos e desses as taxas, entregando-nos, imbeles, aos desacertos assíduos do político. [...] no direito brasileiro, o tipo tributário se acha integrado pela associação lógica e harmônica da hipótese de incidência e da base de cálculo. O binômio, adequadamente identificado, com revelar a natureza própria do tributo que investigamos, tem a excelsa virtude de nos proteger da linguagem imprecisa do legislador.[255]

A irretroatividade, pois, tem de ter em conta tanto o aspecto material como o aspecto quantitativo da norma tributária impositiva que, em um tributo adequadamente instituído, guardam harmonia e implicações mútuas. Só é aplicável a lei em vigor antes da sua ocorrência.

A consideração do aspecto temporal da hipótese de incidência tributária como critério para a análise da irretroatividade e da anterioridade implica não apenas a aplicação equivocada da Constituição, como enseja que o legislador ordinário, através de uma ficção, acabe por burlar a garantia constitucional do contribuinte, despindo-a de efetividade, garantia esta que, a rigor, não seria passível de excepcionalização nem por Emenda Constitucional.[256]

---

[255] CARVALHO, Paulo de Barros. *Curso de Direito Tributário*. 14ª edição. São Paulo: Saraiva, 2002, p. 28/29.

[256] Sobre o princípio da anterioridade como direito fundamental, o voto do Min. Celso de Mello na ADIn 939, entendendo, inclusive, que não pode ser excepcionado por emenda constitucional, o que restou acolhido pela maioria: "O princípio da anterioridade da lei tributária, além de constituir limitação ao poder impositivo do Estado, representa um dos direitos fundamentais mais relevantes outorgados pela Carta da República ao universo dos contribuintes. Não desconheço que se cuida, como qualquer outro direito, de prerrogativa de caráter meramente relativo, posto que as normas constitucionais originárias já contemplam hipóteses que lhe excepcionam a atuação. Note-se, porém, que as derrogações a esse postulado emanaram de preceitos editados por órgão exercente de funções constituintes

Assim é que a segurança jurídica enquanto certeza do direito resta violada, por exemplo, pela exigência da contribuição sobre o lucro anual por alíquota majorada no curso do ano calendário e do imposto sobre a importação por alíquota majorada após a entrada do produto no território nacional

28. Os diversos tipos de fato gerador e a aplicação da irretroatividade inclusive aos fatos geradores de período

Inexistindo, assim, exceções à irretroatividade tributária e se impondo analisá-la considerando todos os aspectos da norma tributária impositiva, tal garantia tem de ser capaz de assegurar a certeza do direito para o contribuinte independentemente do tipo de fato gerador a que se refira a lei nova.

---

primárias: a Assembléia Nacional Constituinte. As exceções a esse princípio foram estabelecidas, portanto, pelo próprio poder constituinte originário, que não sofre, em função da própria natureza dessa magna prerrogativa estatal, as limitações materiais e tampouco as restrições jurídicas impostas ao poder reformador. Não posso ignorar, de qualquer modo, que o princípio da anterioridade das leis tributárias reflete, em seus aspectos essenciais, uma das expressões fundamentais em que se apóiam os direitos básicos proclamados em favor dos contribuintes. O respeito incondicional aos princípios constitucionais evidencia-se como dever inderrogável do Poder Público. A ofensa do Estado a esses valores que desempenham, enquanto categorias fundamentais que são, um papel subordinante na própria configuração dos direitos individuais ou coletivos introduz um perigoso fator de desequilíbrio sistêmico e rompe, por completo, a harmonia que deve presidir as relações, sempre tão estruturalmente desiguais entre as pessoas e o Poder. Não posso desconhecer especialmente neste momento em que se amplia o espaço do dissenso e se intensificam, em função de uma norma tão claramente hostil a valores constitucionais básicos, as relações de antagonismo entre o Fisco e os indivíduos que os princípios constitucionais tributários, sobre representarem importante conquista político-jurídica dos contribuintes, constituem expressão fundamental dos direitos outorgados, pelo ordenamento positivo, aos sujeitos passivos das obrigações fiscais. Desde que existem para impor limitações ao poder de tributar, esses postulados têm por destinatário exclusivo o poder estatal, que se submete, quaisquer que sejam os contribuintes, à imperatividade de suas restrições. A reconhecer-se como legítimo o procedimento da União Federal de ampliar a cada vez, pelo exercício concreto do poder de reforma da Carta Política, as hipóteses derrogatórias dessa fundamental garantia tributária, chegar-se-á, em algum momento, ao ponto de nulificá-la inteiramente, suprimindo, por completo, essa importante conquista jurídica que integra, como um dos seus elementos mais relevantes, o próprio estatuto constitucional dos contribuintes."

As situações colocadas por lei como necessárias e suficientes ao surgimento de obrigações tributárias, ou seja, os chamados *fatos geradores*, podem apresentar *três tipos de conformação: instantâneos, continuados ou de período*, estes normalmente referidos pela doutrina como complexivos. Os primeiros são os que ocorrem num certo e dado momento, como a saída de um produto do território nacional; os segundos consubstanciam, em verdade, um "status" jurídico de cunho econômico, como a posição de proprietário; os últimos são aqueles em que a lei elenca um conjunto de fatos a serem considerados em conjunto, como uma unidade, para fins de aferição da respectiva capacidade contributiva e, em conseqüência, da geração da obrigação tributária correspondente.

Amílcar de Araújo Falcão fazia a distinção, amparado na doutrina alemã:

> Instantâneos são os fatos geradores – "obrigações tributárias simples, no que respeita ao fato gerador", no dizer de Merk – que ocorrem num momento dado de tempo e que, cada vez que surgem, dão lugar a uma relação obrigacional tributária autônoma. Exemplo: fato gerador venda, em relação ao imposto de vendas e consignações; o fato gerador importação (isto é, transposição de lindes, limites ou barreiras aduaneiras), em relação ao imposto de importação etc.
>
> Complexivos ou periódicos (*fattispecie continuative*, segundo Vanoni) são os fatos geradores – "obrigações tributárias complexas, no que respeita ao fato gerador" – cujo ciclo de formação se completa dentro de um determinado período de tempo (Zeitabschnitt, Steuerabschinitt, período d'imposta) e que consistem num conjunto de fatos, circunstâncias ou acontecimentos globalmente considerados. Exemplo: o fato gerador renda (isto é, o fluxo de riqueza que vem ter às mãos do seu destinatário e que importa num aumento de seu patrimônio, durante um período de tempo determinado), em relação ao imposto de renda (sistema de arrecadação mediante lançamento).[257]

Paulo de Barros Carvalho critica o termo *complexivo*:

> o adjetivo complexivo não existe em português. É palavra do vocabulário italiano – compessivo – que vem de complesso (em vernáculo, complexo), empregado no sentido de integral, inteiro, total. Apressadamente traduzido, ganhou curso com a acepção de complexo, neologismo insuportável [...] [258]

---

[257] FALCÃO, Amílcar de Araújo. *Fato Gerador da Obrigação Tributária*. Rio de Janeiro: Forense, 1994.
[258] CARVALHO, Paulo de Barros. *Curso de Direito Tributário*. 8ª edição. São Paulo: Saraiva, 1996, p. 181/182.

Os fatos geradores de período recebem, efetivamente, diversas denominações por parte da doutrina e do próprio legislador, sendo referidos como complexivos, periódicos[259] ou, ainda, de formação sucessiva.[260] O termo *complexivo* implica, efetivamente, um neologismo. Mas resta consagrado na doutrina tributária e é de significado inequívoco, cumprindo muito bem a função de representar o tipo de fato gerador a que se refere. De qualquer modo, atentando para a advertência transcrita, optamos pela referência a fato gerador "de período".

Faz-se necessário distinguir os *fatos geradores ocorridos dos pendentes e dos futuros*, bem como contrastar os *fatos sujeitos à condição suspensiva*, de um lado, com *os fatos geradores de período que tenham ocorrido em parte*, de outro.

Ocorrido é o fato gerador já realizado no seu todo, já tendo exaurido a previsão legal e gerado a respectiva obrigação tributária de modo definitivo. Pendente é aquele que, nos termos da remissão feita pelo art. 105[261] do CTN ao art. 116[262] do mesmo diploma legal, ainda não possa ser considerado como ocorrido e existentes os seus efeitos por não se terem verificado as circunstâncias materiais necessárias a que produza os efeitos que normalmente lhe são próprios, em se tratando de situação de fato, ou por não estar definitivamente constituído nos termos do direito aplicável, em se tratando de situação jurídica. Futuro é o que ainda não ocorreu, quando sequer tiveram início as situações de fato ou jurídicas previstas em lei.

---

[259] "tributi periodici", confrome a lei italiana (Statuto dei Contribuiente, art. 3º, 1), adiante transcrita.

[260] "facto tributário de formação sucessiva", conforme a lei portuguesa (Lei Geral Tributária, art. 12º, 2), adiante transcrita.

[261] CTN: Art. 105. A legislação tributária aplica-se imediatamente aos fatos geradores futuros e aos pendentes, assim entendidos aqueles cuja ocorrência tenha tido início mas não esteja completa nos termos do art. 116.

[262] CTN: Art. 116. Salvo disposição de lei em contrário, considera-se ocorrido o fato gerador e existentes os seus efeitos: I – tratando-se de situação de fato, desde o momento em que se verifiquem as circunstâncias materiais necessárias a que produza os efeitos que normalmente lhe são próprios; II – tratando-se da situação jurídica, desde o momento em que esteja definitivamente constituída, nos termos do direito aplicável.

Relativamente aos negócios jurídicos condicionais, o próprio CTN esclarece que se reputam perfeitos e acabados desde o implemento de condição suspensiva ou, quando sujeitos a condição resolutória, desde a prática do ato ou celebração do negócio.[263] Não se confundem, pois, com os fatos geradores de período, em que não se cuida de condição suspensiva ou resolutória, mas, simplesmente, da consideração em conjunto, como unidade, de inúmeros atos ou fatos da mesma natureza.

No caso do imposto sobre a renda, os rendimentos do contribuinte pessoa física percebidos durante todo o ano-calendário são considerados em conjunto para fins de verificação do montante total de rendimentos tributáveis. Mas, não se faz necessária a chegada do dia 31 de dezembro para que se tenha o surgimento de obrigação tributária. Embora a ocorrência do fato gerador seja normalmente verificada tendo como referência esta data, prescinde de rendimentos auferidos durante todo o período. Um contribuinte que tenha um único ingresso em janeiro e nenhum outro durante todo o ano (por exemplo, um autônomo que tenha quedado doente e impossibilitado de trabalhar, que não tenha outras rendas, tampouco tenha auferido benefício previdenciário por não cumprir a carência necessária) será, por este único fato, tributado relativamente àquele período. Outra situação, mais simples e corriqueira: na liquidação ou falência de uma pessoa jurídica que tenha encerrado suas atividades em maio, terá de ser apurado e satisfeito o imposto sobre a renda do período, mesmo que não decorrido na sua totalidade. Daí por que, em se tratando de tributo com fato gerador de período, a qualificação, no seu curso, como fato gerador pendente não é adequada, pois nenhuma condição pende para o surgimento da relação tributária, nenhum outro ato se fazendo necessário. Normalmente, qualquer que seja o momento em que se considere o período, seccionando-o, já teremos fatos sufi-

---

[263] CTN: Art. 117. Para os efeitos do inciso II do artigo anterior e salvo disposição de lei em contrário, os atos ou negócios jurídicos condicionais reputam-se perfeitos e acabados: I – sendo suspensiva a condição, desde o momento de seu implemento; II – sendo resolutória a condição, desde o momento da prática do ato ou da celebração do negócio.

cientes para, por si só, fazerem surgir a obrigação tributária ainda que nada mais ocorra até o final do período. Entendemos mais correto, por isso, considerar tais situações como de *fatos geradores ocorridos em parte* (note-se: fatos geradores já ocorridos nesta parte), parte esta, inclusive, passível de ser considerada como o próprio todo se nada mais sobrevier. Não há que se considerar, pois, o fato gerador ocorrido em parte como se fosse um fato gerador pendente. Ocorrido em parte, sim; pendente, não.

A importância desta concepção está em evidenciar que, mesmo na chamada retroatividade imprópria, temos, sim, retroatividade que atenta contra a garantia da irretroatividade da lei tributária como instrumento para a realização da certeza do direito. Aliás, todos os modos de retroatividade, máxima, média ou mínima, considerada esta última como a chamada retroatividade retrospectiva ou imprópria, como tais expressões mesmo denotam, implicam retroatividade.

Não concordamos, por isso, com Paulo de Barros Carvalho quando afirma:

> Se o chamado fato gerador complexivo aflora no mundo jurídico, propagando seus efeitos, apenas em determinado instante, é força convir em que, anteriormente àquele momento, não há que falar-se em obrigação tributária, pois nenhum fato ocorreu na conformidade do modelo normativo, inexistindo portanto os efeitos jurídico-fiscais próprios da espécie.[264]

Mais adequada é a abordagem feita por Luciano Amaro:

> Pode ocorrer que o fato gerador de determinado tributo seja composto pela soma de vários fatos isolados, valorizados num certo período de tempo, de tal sorte que só se aperfeiçoe tal fato gerador com a implementação do último daqueles fatos isolados [...] O fato gerador, aí, não se traduz, isoladamente, nos fatos *a* ou *b* (rendimentos), ou no fato *c* (despesa). O fato gerador é a série "a+b-c". A lei, para respeitar a irretroatividade, há de ser anterior à série "a+b-c", vale dizer, a lei deve preceder todo o conjunto de fatos isolados que compõem o fato gerador do tributo. Para respeitar-se o princípio da irretroatividade, não basta que a lei seja prévia em relação ao último desses fatos, ou ao término do período durante o qual os fatos isoladamente ocorridos vão sendo registrados.[265]

---

[264] CARVALHO, Paulo de Barros. *Curso de Direito Tributário.* 14ª ed. São Paulo: Saraiva, 2002, p. 264.
[265] AMARO, Luciano. *Direito Tributário Brasileiro.* 2ª ed. São Paulo: Saraiva, 1998, p. 117.

Hugo de Brito Machado, por sua vez, forte na exigência de segurança jurídica estampada na garantia da irretroatividade, segue a mesma linha quanto à necessidade de se ter em conta todos os fatos integrantes do conjunto:

> Para que a *segurança jurídica seja preservada*, é mister que se tenha em conta, ao interpretar o princípio da irretroatividade das leis, todos os fatos integrantes do conjunto em que se encarta aquele ato final necessário à concretização da hipótese de incidência tributária. Assim, o fato gerador do imposto de renda, por exemplo, não pode ser considerado apenas naquele instante final do dia 31 de dezembro de cada ano. Nem o do imposto de importação apenas aquele em que se procede ao desembaraço aduaneiro.[266]

Também Francisco Pinto Rabello Filho é preciso na análise:

> [...] no que atina às assim ditas retroatividade inautêntica (retrospectividade) e retroatividade mínima, parece-nos não lograr êxito a ponderação de que o de que se trata é de aplicação imediata da nova lei. A aplicação, não há duvidar, é realmente imediata; contudo, o efeito que daí decorre é retroativo. Deveras, se o ato ou fato jurídico, embora realizado no passado, projeta efeitos para o futuro, já ao tempo da nova lei, e são esses efeitos postos debaixo do guante desta nova lei, é induvidoso que essa lei retroativa é, na medida em que acaba atingindo a causa daquele antigo ato ou fato jurídico, já consumado.[267]

Anteriormente ao advento da Constituição de 1988, restara consolidado no Direito tributário brasileiro a admissão da retroatividade imprópria. Tal se deu através da Súmula 584 do STF: "Ao Imposto de Renda calculado sobre os rendimentos do ano-base, aplica-se a lei vigente no exercício financeiro em que deve ser apresentada a declaração."

Vários fatores concorreram para tal posição, dentre os quais a inexistência de garantia constitucional de irretroatividade tributária, mas apenas de anterioridade da lei tributária, a cultura jurídica legalista e o parco desenvolvimento da eficácia normativa dos princípios constitucionais[268] e as previsões constantes dos artigos 105 e 144, § 2°, do CTN, que dispõem:

---

[266] MACHADO, Hugo de Brito. *Curso de Direito Tributário*. Malheiros, 1997, p. 95.
[267] RABELLO FILHO, Francisco Pinto. *O Princípio da Anterioridade da lei Tributária*. São Paulo: RT, 2002, p. 86/88.
[268] "[...] pode-se afirmar que a segurança jurídica, na jurisprudência do Supremo Tribunal Federal, não possui grande significação. Apesar de a Constituição de-

CAPÍTULO III
APLICAÇÃO DA LEGISLAÇÃO TRIBUTÁRIA
Art. 105. A legislação tributária aplica-se imediatamente aos fatos geradores futuros e aos pendentes, assim entendidos aqueles cuja ocorrência tenha tido início mas não esteja completa nos termos do art. 116.[269]

CAPÍTULO II
CONSTITUIÇÃO DO CRÉDITO TRIBUTÁRIO
[...]
SEÇÃO I
LANÇAMENTO
[...]
Art. 144. O lançamento reporta-se à data da ocorrência do fato gerador da obrigação e rege-se pela lei então vigente, ainda que posteriormente modificada ou revogada.
[...]
§ 2º O disposto neste artigo não se aplica aos impostos lançados por períodos certos de tempo, desde que a respectiva lei fixe expressamente a data em que o fato gerador se considera ocorrido.

A Súmula nº 584 pelo STF continua sendo aplicada pelo STF, conforme se vê dos seguintes acórdãos que bem evidenciam os seus efeitos:

DIREITO CONSTITUCIONAL, TRIBUTÁRIO E PROCESSUAL CIVIL. IMPOSTO DE RENDA SOBRE EXPORTAÇÕES INCENTIVADAS, CORRESPONDENTE AO ANO-BASE DE 1989. MAJORAÇÃO DE ALÍQUOTA PARA 18%, ESTABELECIDA PELO INC. I DO ART. 1º DA LEI Nº 7.968/89. ALEGAÇÃO DE VIOLAÇÃO AO ART. 150, I, *A*, DA CONSTITUIÇÃO FEDERAL DE 1988. 1. O Recurso Extraordinário, enquanto interposto com base na alínea *b* do inciso III do art. 102 da Constituição Federal, não pode ser conhecido, pois o acórdão recorrido não declarou a inconstitucionalidade de tratado ou lei federal. 2. Pela letra *a*, porém, é de ser conhecido e provido. 3. Com efeito, a pretensão da ora recorrida, mediante Mandado de Segurança, é a de se abster de pagar o Imposto de Renda correspondente ao ano-base de 1989, pela alíquota de 18%, estabelecida no inc. I do art. 1º da Lei nº 7.968, de 28.12.1989, com a alegação de que a majo-

---

terminar, por meio de vários dispositivos, que a segurança é um princípio jurídico da ordem constitucional, as decisões do Supremo Tribunal Federal sobre a ligação retroativa do fato gerador não atribuíram grande valor à segurança jurídica." (ÁVILA, Humberto Bergmann. *Sistema...*, p. 144.)

[269] CTN: CAPÍTULO II – FATO GERADOR Art. 116. Salvo disposição de lei em contrário, considera-se ocorrido o fato gerador e existentes os seus efeitos: I – tratando-se de situação de fato, desde o momento em que se verifiquem as circunstâncias materiais necessárias a que produza os efeitos que normalmente lhe são próprios; II – tratando-se da situação jurídica, desde o momento em que esteja definitivamente constituída, nos termos do direito aplicável.

ração, por ela representada, não poderia ser exigida com relação ao próprio exercício em que instituída, sob pena de violação ao art. 150, III, *a*, da Constituição Federal de 1988. 4. O acórdão recorrido manteve o deferimento do Mandado de Segurança. Mas está em desacordo com o entendimento desta Corte, firmado em vários julgados e consolidado na Súmula 584, que diz: "Ao Imposto de Renda calculado sobre os rendimentos do ano-base, aplica-se a lei vigente no exercício financeiro em que deve ser apresentada a declaração." Reiterou-se essa orientação no julgamento do R.E. nº 104.259-RJ (RTJ 115/1336). 5. Tratava-se, nesse precedente, como nos da Súmula, de Lei editada no final do ano-base, que atingiu a renda apurada durante todo o ano, já que o fato gerador somente se completa e se caracteriza, ao final do respectivo período, ou seja, a 31 de dezembro. Estava, por conseguinte, em vigor, antes do exercício financeiro, que se inicia a 1º de janeiro do ano subseqüente, o da declaração. 6. Em questão assemelhada, assim também decidiu o Plenário do Supremo Tribunal Federal, no julgamento do R.E. nº 197.790-6-MG, em data de 19 de fevereiro de 1997. 7. R.E. conhecido e provido, para o indeferimento do Mandado de Segurança. 8. Custas *ex lege*.[270]

CONSTITUCIONAL. TRIBUTÁRIO. IMPOSTO DE RENDA [...] Med. Prov. 812, de 31.12.94, convertida na Lei nº 8.981/95, arts. 42 e 58. I. – Med. Prov. publicada em 31.12.94, a tempo, pois, de incidir sobre o resultado do exercício financeiro encerrado: não ocorrência, quanto ao imposto de renda, de ofensa aos princípios da anterioridade e da irretroatividade. Precedentes do STF. II. – [...] III. – Voto vencido do Ministro Carlos Velloso: ofensa ao princípio da irretroatividade, conforme exposto no julgamento dos RREE 181.664-RS e 197.790-MG, Plenário, 19.02.97. IV. – Agravo não provido.[271]

Ocorre que, sob a égide da Constituição da República Federativa do Brasil de 1988, com a expressa garantia da irretroatividade atribuindo à segurança jurídica do contribuinte um conteúdo qualificado de certeza quanto ao direito aplicável aos atos praticados, há impedimento constitucional à retroatividade imprópria.[272]

Inaplicável, assim, no Brasil, o entendimento do Tribunal Constitucional Federal alemão, que aceita a retroatividade imprópria, conforme noticia Misabel Abreu Machado Derzi.[273] Na Alemanha, inexiste garantia consti-

---

[270] STF, 1ª T., RE-194612 / SC, rel. Min. Sydney Sanches, mar/1998, DJU 08.05.98, p. 15.
[271] STF, AgRgPet nº 2.698/PR, Informativo do STF nº 280, set/2002.
[272] Isso sem falar na violação que a Súmula 584 implica à anterioridade tributária, o que é abordado no Capítulo 6º deste trabalho.
[273] DERZI, Misabel Abreu Machado. Nota de atualização da obra de Aliomar Baleeiro, Direito Tributário Brasileiro, 11ª ed. Forense, 1999, p. 664.

tucional de irretroatividade tributária, de maneira que o seu ordenamento jurídico não equivale ao brasileiro neste ponto, conforme destaca a mesma autora:

> Como já remarcamos, a Constituição brasileira não ampara, de modo algum, a doutrina da retrospectiva ou da irretroatividade imprópria a que se referem os alemães e todos os demais, que não têm uma Carta de princípios que declare a irretroatividade da lei tributária, ou do direito em geral, nem tampouco disponha sobre a garantia fundamental da anterioridade. É inexplicável que, entre nós, mesmo antes da promulgação da Constituição de 1988, se tenha por tanto tempo adotado o teor da Súmula nº 584.[274]

Mesmo na Alemanha, ademais, a jurisprudência do Tribunal Constitucional não está infensa a críticas da doutrina.[275] Klaus Tipke afirma:

> La letteratura manualistica e saggistica di diritto pubblico accoglie in modo prevalentemente acritico la giurisprudenza della Corte costituzionale federale tedesca.
>
> La critica della dottrina è diretta in particolare nei confronti della distinzione tra la retroattività autentica e non autentica come purê delle eccezioni al divieto di retroattività autentica e della concreta individuazione della retroattività non autentica. Tale critica della distinzione tra retroattività autentica e non autentica è tuttavia fondata, in quanto la Corte Costituzionale federale tedesca si collega al principio della periodicità (annualità).
>
> Da um lato é pur vero che l'obbligazione tributaria, per quanto riguarda le imposte periodiche, sorge solo al termine del periodo e precisamente a causa di una fattispecie complessa a formazione successiva nell'arco dell'anno. Se si considerano i motivi che giustificano il divieto di retroattività, si comprende però che non solo in fine d'anno si realizzano gli eventi fondamentali della 'catena' di essi. Se il contribuente deve poter organizzare, nel modo a lui più favorevole, i fatti più rilevanti dal punto di vista tributario, deve conoscere la legge in vigore al momento dell'organizzazione di essi. Di conseguenza è determinante la legge vigente a quel momento".[276]

---

[274] DERZI, Misabel Abreu Machado. Nota de atualização da obra de Aliomar Baleeiro, *Direito Tributário Brasileiro*, 11ª ed., Forense, 1999, p. 668.

[275] RICARDO LOBO TORRES, *Tratado...*, vol. II, p. 519: "A doutrina alemã criticou a jurisprudência do Tribunal Constitucional, considerada pouco clara. Tipke, depois de dizer que a aceitação da retroatividade fere a justiça, manifesta o entendimento de que nos impostos periódicos não é praticável decompor os elementos do fato gerador, realizados antes ou depois da lei nova: 'os impostos periódicos para 01 devem ser arrecadados de acordo com a lei válida no começo e não no fim do ano 01'."

[276] TIPKE, Klaus. La Retroattività nel Diritto Tributário. In: *Trattato di Diritto tributário*. I volume: Il Diritto Tributário e le sue Fonti. I Tomo. AMATUCCI, Andréa. CEDAM, 1994, p. 441/442.

Inaplicável, também, o entendimento pela admissão da retroatividade imprópria dos direitos norte-americano e espanhol, em que, assim como no direito alemão, inexiste a garantia específica da irretroatividade.[277]

O Ministro Ari Pargendler, ainda quando atuava como Juiz do Tribunal Regional Federal da 4ª Região, em memorável voto acerca da matéria, afirmou com precisão a necessidade de se considerar a inovação constante da CRFB de 1988:

> Na vigência do ordenamento constitucional decaído, o princípio da anterioridade da lei fiscal ao início do exercício financeiro tinha um sentido meramente retórico, consolidado na Súmula nº 584 do Colendo Supremo Tribunal Federal, do seguinte teor: 'Ao imposto de renda calculado sobre os rendimentos do ano-base aplica-se a lei vigente no exercício financeiro em que deve ser apresentada a declaração'. Bastava a lei ordinária fixar, como fato gerador de determinado imposto, um momento anterior ao início do exercício financeiro para que a exigência prevista no texto maior fosse considerada satisfeita. Quer dizer, o irrealismo era completo porque a garantia constitucional estava subordinada ao modo como a lei ordinária disciplinava o instituto. As pessoas do povo, as que pagam os tributos, não entendiam isso. Com razão, na medida em que a lei fazia por surpreendê-las quando já não tinham como evitar a obrigação tributária. O art. 150, III, *a*, da Constituição Federal de 1988 inovou em relação à matéria. O princípio, agora, não é mais o de que a lei tributária deve ser anterior ao início do exercício financeiro. A garantia, agora, é o de que a lei não pode criar uma exigência tributária à base de fatos que ocorreram antes. Exemplificando, se o fato gerador do imposto de renda for apurado anualmente, não basta que a lei seja anterior ao último momento de sua formação (24:00 horas do dia 31 de dezembro do ano-base). É indispensável que anteceda seu instante inicial (zero hora do dia 1º de janeiro do ano-base). Os fatos geradores a que o dispositivo constitucional se refere são estes que têm significado econômico, não aqueles fictamente estabelecidos pela lei ordinária. Sob pena de inversão hierárquica, não se deve interpretar a Constituição a partir da lei. Esta é que deve ser entendida segundo a Constituição. Nessa linha, uma lei editada quando a maior parte dos fatos econômicos do ano-base já se deu não pode afetá-los. Há manifesta inconstitucionalidade quando isso acontece [...]"[278]

---

[277] A ausência da garantia e a posição em tais países é noticiada por RICARDO LOBO TORRES, *Tratado...*, vol. II, p. 513 e 519, respectivamente.

[278] (TRF4, Plenário, AIAMS nº 91.04.00727-1/PR, excerto do voto condutor do Juiz Ari Pargendler, hoje ministro do STJ , DJU mar/1992) Obs: Este julgado restou assim ementado: "CONSTITUCIONAL. ANTERIORIDADE DA LEI FISCAL AO FATO ECONÔMICO. INOVAÇÃO DA CONSTITUIÇÃO FEDERAL DE 1988. CONTRIBUIÇÃO SOCIAL SOBRE O LUCRO. INCONSTITUCIONALIDADE PARCIAL DO ART. 2°, *CAPUT*, DA LEI Nº 7.856, DE 24 DE OUTUBRO DE 1989. No regime

Francisco Pinto Rabello Filho também destaca o papel decisivo da inovação constitucional:

> No Brasil não têm aplicação as chamadas retroatividade inautêntica (retrospectividade) e retroatividade mínima, que têm caráter retroativo (atingindo efeitos futuros de atos e fatos consolidados no passado), porque aqui o princípio da irretroatividade das leis tem estatura constitucional (CF, art. 5º, inc. XXXVI), com o que não está ao alcance do legislador infraconstitucional.[279]

Não é outra a posição de Luiz Felipe Silveira Difini:

> Dos termos induvidosos em que consagrado na Constituição vigente o princípio da irretroatividade, conclui-se não mais prevalecer, em se tratando de majoração de tributo, a Súmula 584 do STF, expedida na vigência da Constituição anterior, que permitia, em termos, a aplicação retroativa de leis sobre imposto de renda [...]"[280]

Os artigos 105 e 144, § 2º do CTN, pois, ao menos no que ensejavam a aplicação da lei nova a todo o período já decorrido em parte, são incompatíveis com o art. 150, III, a, da CRFB de 1988, de modo que, ainda que se possa entender que anteriormente tivesse suporte de validade, não foram por esta recepcionados. Luiz Felipe Silveira Difini destaca a incompatibilidade do art. 105 do CTN com o texto constitucional :

> A norma da segunda parte do texto, de que a lei tributária se aplica aos fatos pendentes demanda exame mais acurado [...]
>
> Primeiro, por fatos geradores pendentes entendem-se aqueles cuja ocorrência já se iniciou mas ainda não se completou. Ou seja, fatos geradores que já começaram, mas ainda não terminara de ocorrer. Trata-se dos fatos geradores 'complexivos', cuja ocorrência se protrai durante um determinado intervalo de tempo. Exemplo sempre lembrado a respeito é o do imposto de renda [...] Exemplificando, se em 27 de dezembro de 2002 foi publicada uma lei, aumentando alíquotas do imposto de renda das pesoas físicas, tal lei poderá determinar sua aplicação na declaração de 2003, relativa aos rendimentos auferidos no ano-base de 2002?

---

constitucional anterior, bastava que a lei fiscal fosse anterior ao início do exercício financeiro. Na vigência do atual, a obrigação tributária só pode ser instituída quando anterior ao fato econômico que lhe serve de índice de capacidade contributiva, independentemente de qual seja o fato gerador arbitrariamente fixado pela lei. Observância do princípio de que as leis devem ser entendidas a partir da Constituição, e não o contrário. Argüição de inconstitucionalidade acolhida."

[279] RABELLO FILHO, Francisco Pinto. *O Princípio da Anterioridade da lei Tributária*. São Paulo: RT, 2002, p. 86/88.

[280] DIFINI, Luiz Felipe Silveira. *Manual de Direito Tributário*. São Paulo: Saraiva, 2003, p. 69.

Pela disposição do art. 105 do CTN, a resposta seria afirmativa. Assim também admitia tradicionalmente a doutrina e a Súmula 584 do Supremo Tribunal Federal [...]

A isto, Amílcar Falcão se referia como 'hipótese de pseudo-retroatividade'.

Na verdade, *não seria pseudo-retroatividade, mas retroatividade mesmo, hoje vedada por norma constitucional expressa* (art. 150, III, *a*), que proíbe a exigência de tributos 'em relação a fatos geradores ocorridos antes do início da vigência d alei que os houver instituído ou aumentado'. Logo, a lei tributária já não pode criar qualquer exigência com base em fatos que já ocorreram. O fato econômico tributável tem de ser posterior à lei: o mais, é aplicação retroativa da lei, constitucionalmente vedada. A Súmula 584, anterior à Constituição, já não prevalece, por incompatível com se art. 150, III, *a*".[281]

A garantia de irretroatividade exige, pois, que a lei seja prévia ao início do período.

Na legislação alienígena, há disposições expressas nesse sentido.

No Direito Português, por exemplo, em que a garantia da irretroatividade tributária também tem sede constitucional,[282] a Lei Geral Tributária de 1999 além de reafirmá-la, estabelece que, se o fato for de formação sucessiva, a lei nova só se aplica ao período decorrido a partir da sua entrada em vigor, vedando, assim, expressamente, a retroatividade dita imprópria. Vejamos o texto da Constituição de 1976 e o art. 12 do Decreto-Lei nº 398, de 17 de Dezembro de 1999 (Lei Geral Tributária Portuguesa):

> Constituição da República Portuguesa, de 25 de Abril de 1976: Artigo 103º (Sistema fiscal) 3. *Ninguém pode ser obrigado a pagar impostos* que não hajam sido criados nos termos da Constituição, *que tenham natureza retroactiva* ou cuja liquidação e cobrança se não façam nos termos da lei.
>
> Lei Geral Tributária: Artigo 12º Aplicação da lei tributária no tempo 1 – As normas tributárias aplicam-se aos factos posteriores à sua entrada em vigor, não podendo ser criados quaisquer impostos retroactivos. 2 – *Se o facto tributário for de formação sucessiva, a lei nova só se aplica ao período decorrido a partir da sua entrada em vigor.* [...][283]

---

[281] DIFINI, Luiz Felipe Silveira. *Manual de Direito Tributário*. São Paulo: Saraiva, 2003, 151/152.

[282] Disponível em: www.parlamento.pt/const_leg/crp_port/. Acesso em 13 de julho de 2005.

[283] Disponível em: http://www.cstaf.mj.pt/legislacao/lei_geral_trib.htm. Acesso em 13 de julho de 2005.

No Direito Italiano, por sua vez, mesmo não sendo assegurada constitucionalmente a irretroatividade tributária, seguiu-se recentemente o mesmo caminho, sendo que o *Statuto del contribuente* de 2000 também é expresso no sentido de não admitir sequer a retroatividade imprópria. Vejamos o texto da Legge 27, de 31 de julho de 2000, *Statuto del contribuente*:

> Statuto del contribuente
> Art. 3. Salvo quanto previsto dall'articolo 1, comma2, lê disposizioni tributarie non hanno effetto retroattivo. *Relativamente ai tributi periodici le modifiche introdotte si applicano solo a partire dal periodo d'imposta successivo a quello in corso alla data di entrata in vigore delle disposizioni che lê prevedono.*[284]

Cuida-se, efetivamente, de imperativo de segurança jurídica, para a promoção da certeza do direito, o resguardo dos fatos geradores, mesmo os apenas ocorridos em parte, relativamente à lei nova mais gravosa.

---

[284] Legge 27 luglio 2000, n. 212, pubblicata sulla G.U. 31.7.2000, n. 177. Disposizioni in materia di Statuto dei diritti del contribuente [...] Disponível em: http://www.finanze.it/dossier_tematici/statuto_diritti_contribuenti/.

Capítulo VI
Certeza do Direito e Conhecimento Antecipado das Normas Tributárias Impositivas

29. O conhecimento antecipado da lei tributária impositiva como garantia exclusivamente tributária

A tributação implica transferência de recursos do patrimônio privado para o erário. Daí a importância de se ensejar aos contribuintes que possam se planejar para suportar os encargos tributários, já que terão de ter disponibilidade financeira para tanto nas datas de vencimento de cada qual.

As pessoas físicas têm de considerar no seu orçamento os tributos que precisam desembolsar ao longo do ano, como os impostos sobre o patrimônio, normalmente no início de cada exercício, as antecipações mensais do imposto sobre a renda mensal e o ajuste ao final de abril de cada exercício, as contribuições previdenciárias mensais etc. As pessoas jurídicas, da mesma forma, suportam tributos mensais, trimestrais e anuais, sendo de extrema relevância que se enseje o prévio conhecimento da carga tributária a que estarão sujeitas, inclusive para que a considerem, com a maior precisão possível, como um dos custos da sua atividade econômica com vista à definição dos seus preços e da projeção dos seus resultados.

Diogo Leite de Campos e Mônica Horta Leite de Campos, cuidando do Direito Português, destacam que a irretroatividade não provê toda a segurança necessária, havendo a conveniência de uma garantia maior de estabilidade quanto às inovações tributárias que onerem o contribuinte:

> Todos os princípio descritos neste capítulo – legalidade, irretroatividade, respeito pelos direitos adquiridos – podem reconduzir-se a uma necessidade geral de previsibilidade ou cognoscibilidade das normas jurídicas fiscais.
>
> Mas, analisados a irretroactividade e os direitos adquiridos, o problema da previsibilidade não se esgota. A livre revogabilidade das normas tributárias depara com obstáculos sérios postos pelas necessidades de certeza que subjazem à exigência de previsibilidade das normas tributárias.
>
> A administração financeira das famílias e das empresas exige projectos a médio e, por vezes, a longo prazo. É imprescindível conhecer o estatuto jurídico-fiscal do projecto durante o prazo previsível da sua execução para determinar da sua viabilidade. Sobretudo no que se refere a benefícios fiscais, mas não só.
>
> Uma subida inopinada (não retroactiva) da taxa de IRC inviabilizará empresas e mesmo sectores da vida econômica. A revogação de um benefício fiscal pode pôr em causa projectos que dele dependiam; etc.
>
> A primeira linha de defesa é constituída pelos direito adquiridos, em sentido técnico [...]
>
> Mas a regra da revogabilidade dos benefícios e a faculdade da livre alteração das somas fiscais, afronta a necessidade da estabilidade do Direito enquanto se mantenham as situações pressupostas por essas normas.
>
> Conviria que as normas jurídicas contivessem, na medida do possível, a menção do período mínimo da sua vigência; que a sua revogação fosse precedida de um pré-aviso a termo dilatado, etc.[285]

O conhecimento antecipado das imposições tributárias apresenta-se, efetivamente, como um instrumento importante de segurança jurídica em matéria tributária no que diz respeito ao seu conteúdo de certeza do direito.

A Constituição da República Federativa do Brasil de 1988 estabelece o que se denomina de anterioridade tributária como uma limitação ao poder de tributar, assegurando um interstício mínimo de noventa dias entre a publicação da lei instituidora ou majoradora dos tributos e, ainda, o conhecimento, num exercício, da tributação a que o contribuinte se sujeitará no exercício seguinte.

---

[285] CAMPOS, Diogo Leite de; CAMPOS, Mônica Horta Neves Leite de. *Direito Tributário*. Belo Horizonte: Del Rey, 2001, p. 223/224.

Tal garantia de anterioridade, em ambas as conformações, diz respeito exclusivamente à tributação, não encontrando paralelo relativamente a obrigações de outra natureza. O texto constitucional só exige anterioridade no que diz respeito à instituição e à majoração de tributos, como garantia peculiar do contribuinte, não a exigindo quanto a inovações legislativas, ainda que gravosas, de nenhum outro ramo do Direito, nem mesmo para o estabelecimento de tipos penais e aumento de penas.

O conteúdo da certeza do direito quanto à instituição e à majoração de tributos, assim, é qualificado, extrapolando a reserva legal absoluta e a irretroatividade da lei para alcançar, ainda, a garantia de conhecimento antecipado das leis tributárias mais gravosas.

Vê-se, pois, que a segurança jurídica em matéria tributária, no que diz respeito ao conhecimento do direito, referido neste trabalho como certeza do direito, assume contornos especiais e mais rígidos até mesmo do que no Direito Penal.

30. Da anualidade à anterioridade

Para a compreensão da garantia da anterioridade tributária, impende que se proceda a uma rápida digressão, perscrutando-se as origens da legalidade e da chamada anualidade tributária, que se encontra no *princípio do consentimento*, tal como consta da Magna Charta Libertarum.

Os tributos, então, eram sempre consentidos em caráter temporário. O rei demandava determinada quantia para o ano subseqüente, e, especialmente convocado para a apreciação, o concílio, em que predominava a influência dos barões, aprovava a respectiva tributação.

Os tributos tinham, pois, caráter temporário, sendo que, anualmente, a cobrança de tributos era submetida ao concílio para a obtenção do consentimento.

A necessidade de consentimento anual deu origem à denominada anualidade, modernamente enunciada como a necessidade de previsão, na lei orçamentária, dos tributos a recolher no exercício subseqüente, o que, no sistema tributário brasileiro, já não constitui limitação ao poder de tributar.

Tal realidade é bem exposta por Flávio Bauer Novelli:

> Na origem, porém, a imposição de tais gravames (scutage, aids e, mais tarde, além de verdadeiros impostos, até certas modalidades de empréstimos compulsórios por subscrição forçada das chamadas 'letras reais') dada a inexistência de um sistema de tributos permanentes, só poderia ocorrer a título extraordinário para atender a fins específicos e dentro de estritos limites de tempo. Não se distinguem, assim, anteriormente à implantação dos sistemas de impostos permanentes, em nenhum momento e sob qualquer aspecto, autorização orçamentária (da despesa) e instituição do imposto, por consentimento temporalmente limitado. Por outras palavras, a idéia de legalidade – ou, melhor dizendo, de consentimento da tributação – estava inseparavelmente vinculada à da temporariedade (depois anualidade) e à da finalidade ou destinação do tributo, que assim condicionavam, como se compreende, o próprio consentimento.[286]

Com o incremento gradual da representação efetiva dos contribuintes na aprovação dos tributos, evoluiu-se da idéia de consentimento para com o tributo visando ao atendimento da necessidade do rei, para a idéia de legalidade propriamente, em que, já se apresentando o Estado como um instrumento da sociedade para a sua auto-organização e desenvolvimento na direção dos valores mais relevantes por ela eleitos, temos a instituição dos tributos pelos representantes do povo, em caráter permanente, sujeitos à revogação ou modificação quando assim viesse a ser deliberado por lei.

Esta modificação ocorrida na forma e no conteúdo da aprovação da tributação é sublinhada por Onofre Alves Batista Júnior:

> A concepção do "prévio consentimento" foi-se alargando e assumindo ares de Princípio da Representação (*Act of Appropriation* de 1626, *Petition of Rights* de 1628, e *Bill of Rights* de 1689). [...] Se nos seus primórdios, o *consentimento* se apresentava com função garantística, buscando proteger a liberdade pessoal e garantir a segurança jurídica, evitando a arbitrariedade, com o advento do *constitucionalismo*, esse quadro sutilmente se altera, mudando o sentido do consentimento de impostos da época estamental. O *ideal de comparticipação política*, que ganhou corpo em face dos fatores socioeconômicos do Estado burguês, realizava-se com os contribuinte alçando os seus representantes, que, com mandato livre, passavam a tomar as deliberações em nome da Nação, traduzindo-se,

---

[286] NOVELLI, Flávio Bauer. O princípio da anualidade tributária. *RDA* 137/9.

assim, em autorizações à tributação condicionada pelo *voto dos representantes*. Por outro lado, *o consentimento passa a ser mediatizado pela lei*, espelho da vontade geral, repositório dos mecanismos de afetação das liberdades ou propriedades dos cidadãos. Ressalte-se, daí, que o consentimento atinge *formas perenes*, mantendo-se em vigor pelo tempo que a lei vigesse, ou melhor, podendo ser cobrado tantas vezes quanto se concretizasse a hipótese de incidência legal.[287]

Ricardo Lobo Torres também expõe tal mudança e ressalta a superação da anualidade nas constituições dos países europeus no Século XX e, no Brasil, a sua substituição pela anterioridade:

> A regra de autorização anual, que surgiu com o Estado Patrimonial, visava principalmente aos tributos, que eram episódicos e transitórios. As Cortes e as Assembléias atendiam os pedidos do princípe para a imposição temporária, necessariamente renovável. Com a superveniência do Estado de Direito e com a independência e o primado da lei formal, dá-se a bifurcação entre a anualidade tributária e a orçamentária, desfazendo-se a conexão entre o direito de consentir os impostos e o direito do orçamento. A segurança do cidadão passa a ser garantida pela representação e pela lei na imposição de tributos permanentes, e não mais pela renovação anual da autorização para a cobrança. O princípio da anualidade tributária, de cuja desobediência decorria a ineficácia da lei do imposto, de início proclamado nos grandes textos constitucionais, ausentou-se das Constituições da Alemanha (1949), França (1958), Portugal (1976) e Espanha (1978). Entre nós a anualidade tributária desapareceu a partir da Emenda de nº 1, de 1969, à Carta de 1967, sendo substituída, com vantagem, pelo princípio da anterioridade, que impede a criação ou o aumento de tributos no ano da execução orçamentária.[288]

Enquanto a anualidade constou dos textos constitucionais brasileiros tal como na Constituição de 18 de setembro de 1946, em seu art. 141, § 34,[289] a anterioridade é que passou a figurar como garantia do contribuinte, juntamente com a legalidade, no texto da Constituição de

---

[287] BATISTA JÚNIOR, Onofre Alves. *O Poder de Polícia Fiscal*. Belo Horizonte: Mandamentos, 2001, p. 46/49.

[288] TORRES, Ricardo Lobo. *Curso de Direito Financeiro e Tributário*. 7ª ed. Rio de Janeiro: Renovar, 2000, p. 103.

[289] "Art 141 – A Constituição assegura aos brasileiros e aos estrangeiros residentes no País a inviolabilidade dos direitos concernentes à vida, à liberdade, a segurança individual e à propriedade, nos termos seguintes: [...] § 34 – Nenhum tributo será exigido ou aumentado sem que a *lei o estabeleça*; nenhum será cobrado em cada exercício sem prévia autorização orçamentária, ressalvada, porém, a tarifa aduaneira e o imposto lançado por motivo de guerra." (BRASIL. Constituição dos Estados Unidos do Brasil de 18 de setembro de 1946. *Constituições Brasileiras: 1946/Aliomar Baleeiro e Barbosa Lima Sobrinho*. Brasília: Senado Federal e Ministério da Ciência e Tecnologia, Centro de Estudos Estratégicos, 2001)

1967 em seu art. 153, § 29,[290] com a redação da Emenda Constitucional nº 1/69, não havendo referência, à época, à irretroatividade como garantia autônoma, embora abrangida pela anterioridade.[291]

A anterioridade, pois, de certo modo, constitui uma derivação da anualidade, assumindo, porém, contornos próprios ao desvincular-se da previsão orçamentária do Estado, assegurando, isso sim, o conhecimento antecipado, pelo contribuinte, das leis tributárias que lhe sejam mais gravosas. Enquanto a anualidade tinha como foco a justificação do tributo em face do orçamento imediato, a anterioridade transfere o foco para o resguardo do contribuinte, em elevado grau, quanto à incerteza do direito.

31. A anterioridade de exercício e a anterioridade nonagesimal mínima quanto à instituição e à majoração dos tributos em geral e a anterioridade nonagesimal quanto à instituição e à majoração de contribuições sociais de seguridade social

O inciso III do art. 150 da Constituição da República Federativa do Brasil de 1988 traz, em suas alíneas *b* e *c*,

---

[290] CF/67 com a redação da EC nº1/69: Art. 153. A Constituição assegura aos brasileiros e aos estrangeiros residentes no País a inviolabilidade dos direitos concernentes à vida, á liberdade, à segurança e à propriedade, nos termos seguintes: [...] § 29. Nenhum tributo será exigido ou aumentado sem que a lei o estabeleça, nem cobrado, em cada exercício, sem que a lei que o hover instituído ou aumentado esteja em vigor antes do início do exercício financeiro, ressalvados a tarifa alfandegária e a de transporte, o Imposto sobre produtos Industrializados e utros especialmente indicados em lei complementar, além do imposto lançado por motivo de guerra e demais casos previstos nesta Constituição." (BRASIL. *Constituição da República Federativa do Brasil de 24 de janeiro de 1967, com a redação determinada pela Emenda Constitucional nº 1, de 17 de outubro de 1969*. 32 ed. São Paulo: Saraiva, 1987)

[291] TORRES, Ricardo Lobo. *Tratado...*, vol. II, 2005, p. 554: "Há que se distinguir, quanto ao princípio constitucional da anualidade, entre a anualidade orçamentária e a tributária. Aquela subsiste plenamente nas Constituições dos países adiantados. A anualidade tributária perdeu a importância no Estado de Direito e foi substituída, entre nós, pelo princípio da anterioridade. [...] Embora se tenha estremado do princípio da anualidade tributária, a anualidade orçamentária ainda é fundamental ao Estado Democrático, consagrada nas mais importantes Constituições, ainda que, às vezes, combinada com a plurianualidade."

esta última acrescida pela EC nº 42, de dezembro de 2003, cuida da anterioridade da lei tributária:

> Art. 150. Sem prejuízo de outras garantias asseguradas ao contribuinte, é vedado à União, aos Estados, ao Distrito Federal e aos Municípios:
> [...]
> III – cobrar tributos:
> [...]
> b) no mesmo exercício financeiro em que haja sido publicada a lei que os instituiu ou aumentou;
> c) antes de decorridos noventa dias da data em que haja sido publicada a lei que os instituiu ou aumentou, observado o disposto na alínea b;

A alínea b estabelece a chamada anterioridade de exercício, também conhecida como geral ou comum. Garante que o contribuinte só estará sujeito, no que diz respeito à instituição ou à majoração de tributos, às leis publicadas até 31 de dezembro do ano anterior. O princípio da anterioridade abrange a instituição do tributo (mediante definição dos seus aspectos material, espacial, temporal, pessoal e quantitativo) e seu aumento (majoração/aspecto quantitativo). O STF, em dezembro de 2000, pronunciou-se, ainda, no sentido de que a redução de benefício fiscal, que implique pagamento maior de tributo, também se sujeita ao princípio da anterioridade (ADInMC 2.325-DF). É o caso típico da revogação de isenções, sendo que o próprio CTN, em seu art. 104, estabelece que só produzirá efeitos a partir do ano subseqüente.

A alínea "c" estabelece uma anterioridade nonagesimal mínima, exigindo o decurso de pelo menos 90 dias antes que a lei instituidora ou majoradora de tributos possa incidir e gerar obrigações tributárias.

O presente dispositivo constitucional vem atender uma necessidade dos contribuintes, prestigiando a segurança jurídica em matéria tributária. Faz com que não mais possam ocorrer alterações na legislação em 31 de dezembro, como muitas vezes ocorreu, instituindo ou majorando tributos para vigência já a partir de 1º de janeiro. Muitas vezes houve até mesmo edições extras do Diário Oficial em 31 de dezembro, sábado à noite, sem que sequer tenha chegado a circular, e que no dia seguinte, sem terem chegado ao conhecimento sequer dos mais atentos, já geravam obrigações tributárias. Isso fez com que, quando do julgamento da ADIn 939 (veja-se nota ao art. 150, III, b), tenha havido voto vencido questionado até que ponto se poderia mesmo considerar a anterioridade de exercício como uma efetiva garantia do contribuinte, já que, se editada ao final do ano a lei instituidora já estaria em vigor logo em seguida, em 1º de janeiro, e se, por isso, não se trataria de simples regra de acomodação orçamentária. Com a nova regra da alínea "c" do inciso II do art. 150, acrescida pela EC 42/2003, supre-se a deficiência da anterioridade de exercício relativamente às alterações de final de ano, fazendo com que o contribuinte possa efetivamente conhecer com antecedência as normas instituidoras ou majoradoras de tributos. Viabiliza-se, com isso, planejamento do contribuinte.

Denominamos esta nova garantia de "anterioridade mínima" justamente porque estabelece o prazo mínimo a ser observado; antes do seu decurso, não será possível a incidência da lei que tenha aumentado a carga tributária; decorridos os noventa dias, de outro lado, só será possível a incidência se também já tiver ocorrido a virada do exercício.[292]

A anterioridade mínima vem, pois, reforçar a garantia da anterioridade de exercício. Os tributos em geral continuam sujeitos à anterioridade de exercício (a lei publicada num ano só pode incidir a partir do ano seguinte), mas não haverá incidência antes de decorridos, no mínimo, 90 dias da publicação da lei instituidora ou majoradora.

Assim, e.g., publicada a lei majoradora em março de um ano, só a partir de 1º de janeiro é que poderá incidir, pois observadas cumulativamente a anterioridade de exercício (publicação num ano para incidência no exercício seguinte) e a anterioridade mínima (decurso de 90 dias desde a publicação). Publicada, contudo, no final de dezembro de determinado ano, não poderá incidir já a partir

---

[292] TORRES, Ricardo Lobo. Tratado..., vol. II, 2005, p. 561/562, refere-se à anterioridade do art. 195, § 6º, da CRFB como anterioridade nonagesimal e à nova anterioridade do art. 150, III, c, estabelecida pela EC nº 42/03, como "noventena".

de 1º de janeiro (o que atenderia à anterioridade de exercício mas não à anterioridade mínima), tendo, sim, que aguardar o interstício de 90 dias, incidindo, então, a partir do 91º dia, que se completará no final de março; publicada a lei em novembro, apenas em fevereiro, satisfeitas cumulativamente a anterioridade de exercício e a anterioridade mínima de 90 dias, é que poderá incidir, gerando obrigações tributárias.

A alínea c traz, pois, regras de aplicação cumulativa e simultânea à anterioridade de exercício, reforçando a garantia do contribuinte.

Exceções às anterioridades de exercício e nonagesimal mínima, somente as expressas no próprio art. 150, § 1º, e no art. 177, § 4º, b, da CRFB de 1988, bem como a anterioridade nonagesimal aplicável às contribuições para o custeio da seguridade social, submetidas, no ponto, exclusivamente ao art. 195, § 6º, da CRFB:

> Art. 195. A seguridade social será financiada por toda a sociedade, de forma direta e indireta, nos termos da lei, mediante recursos provenientes dos orçamentos da União, dos Estados, do Distrito Federal e dos Municípios, e das seguintes contribuições sociais:
>
> [...]
>
> § 6º – As contribuições sociais de que trata este artigo só poderão ser exigidas após decorridos noventa dias da data da publicação da lei que as houver instituído ou modificado, não se lhes aplicando o disposto no art. 150, III, b.

Relativamente às contribuições para o custeio da seguridade social temos, pois, uma garantia de anterioridade nonagesimal pura e simplesmente.

32. Da não-surpresa e da previsibilidade ao conhecimento antecipado

As garantias de anterioridade costumam ser associadas à previsibilidade quanto às novas imposições tributárias mais gravosas, à não-surpresa do contribuinte, havendo, inclusive, quem chegue a falar em "princípio da não-surpresa".

Se, de um lado, tal categorização é reveladora dos efeitos da anterioridade, de outro nos parece equívoca, não abarcando toda a proteção por esta concedida.

Previsibilidade é a qualidade de previsível, ou seja, daquilo que se pode prever. Mas prever é termo normalmente tomado como "calcular, conjeturar, supor" ou como "subentender, pressupor", ou ainda, "profetizar, prognosticar, predizer".[293] Tais acepções, porém, indicariam um conteúdo equivocado para a garantia da anterioridade, que não tem em conta simples possibilidades de algo que talvez aconteça e com o que se deva ou não contar. A acepção do termo *prever*, que corresponde com maior exatidão à proteção decorrrente da anterioridade, é a de "ver antecipadamente", "ver, estudar, examinar, com antecedência".[294]

Surpresa, por sua vez, é o "ato ou efeito de surpreender-se", "acontecimento imprevisto: sobressalto".[295] Surpreender é "apanhar de improviso", "aparecer inesperadamente diante de".[296] Imprevisto é o "que não é previsto", "súbito, inesperado, inopinado".[297] Sobressalto é o "ato ou efeito de sobressaltar", "movimento brusco, provocado por emoção repentina e violenta"; sobressaltar é "tomar de assalto ou de improviso; surpreender".[298] Não-surpresa é a negação de tudo isso. Mas a anterioridade é mais do que isso, não se limitando a afastar aquilo que seja brusco e inesperado, o que pegue de improviso, mas, sim, assegurando conhecimento antecipado, por tempo sucifiente, do que advirá já com certeza, pois decorrente de lei publicada.

Mais do que previsibilidade e do que não-surpresa, pois, cuida-se de assegurar ao contribuinte o conhecimento antecipado daquilo que, sendo decorrente de lei estrita devidamente publicada, lhe será com certeza imposto, incidindo sobre os atos que então venham a ser praticados ou sobre os fatos ou situações que se verifiquem em conformidade com a previsão legal, após o decurso de noventa dias e a virada do exercício ou apenas do decurso de

---

[293] FERREIRA, Aurélio Buarque de Holanda. *Novo Dicionário Aurélio da Língua Portuguesa*. 2ª ed. Rio de Janeiro: Nova Fronteira, 1986, p. 1391.
[294] Ibidem, p. 1391.
[295] Ibidem, p. 1633.
[296] Ibidem, p. 1633.
[297] Ibidem, p. 925.
[298] Ibidem, p. 1601.

noventa dias em se tratando de contribuições de seguridade social.

Note-se que, em havendo, por exemplo, projeto de lei com tramitação em regime de urgência com larga discussão nos meios de comunicação, não há que se falar em surpresa do contribuinte relativamente ao aumento de carga tributária que o agrave, mas nem por isso restará autorizada a sua incidência. Não se trata, efetivamente, de simplesmente evitar a surpressa, o sobressalto, o inesperado, mas de garantir um interstício de tempo entre a publicação da lei nova mais gravosa a o início da sua incidência, permitindo que o contribuinte se prepare para aquilo que sabe, por força de lei já publicada, que lhe será imposto.

Francisco Pinto Rabello Filho refere-se, adequadamente, a "previsibilidade objetiva":

> [...] o princípio da anterioridade da lei tributária é inequívoca forma de dar-se efetivação ao princípio da segurança jurídica, na medida em que faz com que o cidadão saiba, num dado exercício financeiro, que no exercício seguinte ele terá uma carga tributária (inteiramente) nova ou majorada. Com essa exigência, o cidadão fica sabendo, com antecedência, que no próximo exercício financeiro terá um incremento em seus encargos tributários. É, pois, previsibilidade objetiva, concedida ao contribuinte, no que diz respeito à tributação." (RABELLO FILHO, Francisco Pinto. O Princípio da Anterioridade da Lei Tributária. São Paulo: RT, 2002, p. 102/103)

Roque Antônio Carraza, após referir a não-surpresa, também destaca que a anterioridade confere ainda maior segurança, qual seja, o conhecimento antecipado dos tributos:

> [...] o princípio da anterioridade é o corolário lógico do princípio da segurança jurídica. Visa a evitar surpresas para o contribuinte, com a instituição ou majoração de tributos no curso do exercício financeiro.
>
> De fato, o princípio da anterioridade veicula a idéia de que deve ser suprimida a tributação de surpresa (que afronta a segurança jurídica dos contribuintes). Ele impede que, da noite para o dia, alguém seja colhido por nova exigência fiscal. É ele, ainda, que exige que o contribuinte se depare com regras tributárias claras, estáveis e seguras. E, mais do que isso: que tenha conhecimento antecipado dos tributos que lhe serão exigidos ao longo do exercício financeiro, justamente para que possa planejar, com tranqüilidade, sua vida econômica".[299]

---

[299] CARRAZA. Roque Antônio. Curso... p. 178/179.

Temos, pois, que a referência à previsibilidade e à não-surpresa podem induzir o intérprete e aplicador do direito em equívoco quanto ao conteúdo normativo da garantia da anterioridade. São expressões que se mostram mais adequadas para a invocação da proteção da confiança em casos em que a anterioridade é inaplicável[300] ou expressamente excepcionada pela CRFB,[301] do que para a invocação da anterioridade propriamente. A anterioridade assegura o conhecimento antecipado mediante a imposição de *vacatio legis* correspondente aos noventa dias da anterioridade nonagesimal mínima e, ainda, ao que faltar para a virada de ano por força da anterioridade de exercício, ou correspondente apenas a noventa dias em se tratando de contribuição de seguridade social.

33. Instituição e majoração *x* prorrogação

Cuida-se de prorrogação da vigência de um tributo quando este, excepcionalmente, tenha caráter temporário e sobrevenha lei deteminando o prosseguimento da sua incidência por mais algum tempo. Isso pode se dar relativamente à exigência do tributo, em si, ou relativamente a determinado aumento temporário de alíquota, simplesmente.

Importa considerar, neste ponto, que a instituição de tributo ou de aumento de alíquota temporários faz com que o contribuinte se organize para a sujeição a tal carga tributária por tempo determinado, considerando, ainda, que findará a exigência do tributo ou da alíquota majorada.

A eventual prorrogação da exigência, pois, implica, em verdade, a sua reinstituição a partir de quando não mais se daria, ou seja, a contar do termo final do prazo inicial. É a correta afirmação de José Marcelo Previtalli Nascimento relativamente à prorrogação da CPMF: "[...] oportuno reiterar que a prorrogação deste tributo equivale a

---

[300] Como, por exemplo, no que diz respeito a alterações no prazo de pagamento do tributo, que não diz respeito à instituição ou majoração.
[301] Hipóteses dos arts. 150, § 1º, e 177, § 4º, da CF.

efetiva instituição do mesmo no período posterior ao termo final de exigência, previsto originalmente pela Lei nº 9.311/96".[302]

Tal situação corresponde ao estabelecimento de uma carga tributária que não existiria não fosse a prorrogação, configurando, pois, imposição tributária que, relativamente ao período acrescido, é nova e inédita.

Impende que se considere, pois, a eventual prorrogação de tributo ou de alíquota temporária tal como a instituição de um novo tributo ou a majoração de tributo existente, o que realmente são relativamente ao novo período de incidência. Daí a sua necessária submissão à legalidade, à irretroatividade e à anterioridade.

A conclusão torna-se inarredável ao se ter em consideração que a anterioridade se põe para dar certeza quanto ao direito aplicável no sentido de assegurar o conhecimento antecipado de qualquer carga tributária nova, assim entendida aquela que inexistiria não fosse o novo diploma legal instituidor ou majorador ou, no caso, prorrogador do tributo ou da alíquota majorada.

Prorrogar é "alongar, dilatar, protrair", "fazer durar além do prazo estabelecido; estender ampliar, prolongar", "fazer continuar em exercício; adiar o término de".[303] Considerando que isso implica incidência que, de outro modo inexistiria, tem o contribuinte o direito a que tal decorra de lei, que não se dê de modo retroativo e que observe, sim, a *vacacio legis* imposta pela garantia de conhecimento antecipado, sendo irrelevante, conforme já se afirmou, perquirir sobre ser ou não previsível a prorrogação. A anterioridade é garantia de cunho objetivo, concreto, que exige interstício entre a publicação da lei[304] e o início da incidência nela determinada.

Admitir que haja prorrogação de última hora, sem a observância dos interstícios impostos pelas regras de an-

---

[302] NASCIMENTO, José Marcelo Previtalli. A Anterioridade Nonagesimal e a Prorrogação da CPMF. *Revista Dialética de Direito Tributário nº 32*, 1998, p. 37.

[303] FERREIRA, Aurélio Buarque de Holanda, op. cit., p. 1404.

[304] No caso da CPMF, a prorrogação deu-se por Emenda Constitucional porque do próprio texto do ADCT constava a vigência temporária.

terioridade, implica ensejar violação à segurança jurídica enquanto certeza do direito, justamente o que fundamenta e dá sentido à garantia constitucional concedida ao contribuinte.

Entendemos, por isso, que não decidiu de modo adequado o Supremo Tribunal Federal ao distinguir a prorrogação, de um lado, da instituição ou modificação (majoração) de tributos para fins de análise quanto à necessidade ou não de observância da anterioridade. Eis o precedente:

> AÇÃO DIRETA DE INCONSTITUCIONALIDADE. CONTRIBUIÇÃO PROVISÓRIA SOBRE MOVIMENTAÇÃO OU TRANSMISSÃO DE VALORES E DE CRÉDITOS E DIREITOS DE NATUREZA FINANCEIRA-CPMF (ARTS. 84 E 85, ACRESCENTADOS AO ADCT PELO ART. 3º DA EMENDA CONSTITUCIONAL Nº 37, DE 12 DE JUNHO DE 2002) [...] 2 [...] Ocorrência de mera prorrogação da Lei nº 9.311/96, modificada pela Lei nº 9.539/97, não tendo aplicação ao caso o disposto no § 6º do art. 195 da Constituição Federal. O princípio da anterioridade nonagesimal aplica-se somente aos casos de instituição ou modificação da contribuição social, e não ao caso de simples prorrogação da lei que a houver instituído ou modificado. 3 – Ausência de inconstitucionalidade material. O § 4º, inciso IV do art. 60 da Constituição veda a deliberação quanto a proposta de emenda tendente a abolir os direitos e garantias individuais. Proibida, assim, estaria a deliberação de emenda que se destinasse a suprimir do texto constitucional o § 6º do art. 195, ou que excluísse a aplicação desse preceito a uma hipótese em que, pela vontade do constituinte originário, devesse ele ser aplicado. A presente hipótese, no entanto, versa sobre a incidência ou não desse dispositivo, que se mantém incólume no corpo da Carta, a um caso concreto. Não houve, no texto promulgado da emenda em debate, qualquer negativa explícita ou implícita de aplicação do princípio contido no § 6º do art. 195 da Constituição. 4 – Ação direta julgada improcedente.[305]

---

[305] STF, Plenário, ADIn 2.666/DF, rel. Min. Ellen Gracie, Informativo 293, dez/2002. Veja-se o voto condutor: "[...] A Emenda Constitucional nº 37/02, ao incluir no Ato das Disposições Constitucionais Transitórias o art. 84, determinou a cobrança da CPMF até 31 de dezembro de 2004 (art. 84, caput), prorrogando até essa data a vigência da Lei nº 9.311/96, que instituiu tal contribuição social e dispôs sobre todos os seus aspectos essenciais. Essa prorrogação não importou em nenhuma modificação da contribuição. No momento da promulgação da Emenda Constitucional nº 37/02, que se deu em 12 de junho de 2002, a mencionada Lei nº 9.311/96 estava em pleno vigor, tendo em vista que, por força da Emenda Constitucional nº 21/99, tal diploma legal, modificado pela Lei nº 9.539/97, vigoraria até 18 de junho de 2002. Muito embora o texto da Emenda Constitucional nº 21/99 tenha objetivado prorrogar a CPMF então vigente, com base nas mencionadas leis, a sua promulgação tardia, em momento posterior à expiração do prazo de validade da contribuição, levou o Plenário desta Corte, ao

examinar a ADIn n° 2.031/DF (rel. Min. Octávio Gallotti), onde se impugnou o texto da Emenda Constitucional n° 21, a considerar um mero desajuste gramatical a permanência, no caput do art. 75 do ADCT, da palavra 'prorrogada', desajuste esse decorrente da tardia promulgação da Emenda. Muito embora, portanto, a Emenda Constitucional n° 21 não tenha prorrogado efetivamente a cobrança da CPMF à luz das referidas leis, o Plenário, nesse precedente, considerou-as repristinadas, tendo a CPMF, então, sido instituída de maneira inaugural na data de promulgação dessa Emenda, observando-se efetivamente a partir daí, em consequência, o princípio da anterioridade nonagesimal, nos termos do § 1° do art. 75 do ADCT, incluído por tal Emenda no corpo transitório da Carta. Uma vez observada a noventena e estando-se diante de mera prorrogação, sem solução de continuidade temporal, eventual manutenção, no texto promulgado da Emenda Constitucional n° 37, da alusão à observância do disposto no § 6° do art. 195 da Constituição não teria efeito nenhum, pois inaplicável ao caso. Sua supressão, portanto, não importou em qualquer alteração substancial, tornando desnecessário o retorno da Proposta de Emenda Constitucional à Câmara dos Deputados para apreciação e votação do novo texto. Eventual retorno a essa Casa Legislativa e eventual reinserção da vinculação da cobrança ao § 6° do art. 195 da Constituição não teria nenhum efeito porque, tendo havido simples prorrogação, sem qualquer alteração, não se estaria diante de nenhuma das hipóteses previstas no referido dispositivo constitucional para aplicação da noventena: instituição ou modificação da contribuição social. No que tange à alegada inconstitucionalidade material, reputo-a inexistente. O § 4°, inciso IV do art. 60 da Constituição veda a deliberação quanto a proposta de emenda tendente a abolir os direitos e garantias individuais. Proibida, assim, estaria a deliberação de emenda que se destinasse a suprimir do texto constitucional o § 6° do art. 195, ou que excluísse a aplicação desse preceito a uma hipótese em que, pela vontade do constituinte originário, devesse ele ser aplicado. A presente hipótese, no entanto, versa sobre a incidência ou não desse dispositivo, que se mantém incólume no corpo da Carta, a um caso concreto. Não houve, no texto promulgado da emenda em debate, qualquer negativa explícita ou implícita de aplicação do princípio contido no § 6° do art. 195 da Constituição. Se o poder constituinte reformador, ao promulgar a emenda, tivesse posto a cobrança da contribuição social a salvo desse princípio, aí sim haveria inconstitucionalidade, pois o Plenário deste Supremo Tribunal, ao julgar a ADIn n° 939/DF (rel. Min. Sydney Sanches, DJ 18.03.94), onde se impugnou a Emenda Constitucional n° 3, de 17 de março de 1993, que autorizou a União a instituir o IPMF, considerou que o princípio da anterioridade, por ser uma garantia individual do contribuinte (art. 150, III, b, da CF), se insere no rol das cláusulas pétreas imunes à atuação do poder constituinte reformador (art. 60, § 4°, IV da CF). O mesmo entendimento foi esposado no julgamento da ADIn n° 1497/DF (rel. Min. Carlos Velloso). A Emenda Constitucional n° 37, no entanto, não trouxe nenhuma ofensa ao princípio da anterioridade nonagesimal. Se a prorrogação da vigência da CPMF se afeiçoasse à hipótese normativa descrita no § 6° do art. 195 da Constituição, a obediência à noventena seria incontroversa, já que este preceptivo, como já disse, se mantém incólume no texto constitucional, apto a gerar efeitos sobre as hipóteses nele previstas, não sendo necessária previsão expressa de sua aplicação no corpo da emenda. A prorrogação em questão, porém, pela sua natureza, não se subsume a nenhuma das duas hipóteses em que se tem como obrigatória a observância do prazo nonagesimal: instituição ou majoração da contribuição social. Diante do exposto, julgo improcedente esta ação direta de inconstitucionalidade."

A referência à "mera prorrogação" não dá o devido relevo ao fato de que, seja a que título for, implica exigência tributária nova e, portanto, necessariamente sujeita à observância das limitações constitucionais ao poder de tributar que estabelecem as normas garantidoras da segurança jurídica enquanto certeza do direito em matéria de instituição e majoração de tributos. Em havendo inovação legislativa mais gravosa ao contribuinte, implicando a obrigação de pagar o que de outro modo seria indevido, sujeita-se, necessariamente, às regras de anterioridade aplicáveis à respectiva espécie tributária ou tributo específico.

34. Os tributos com fatos geradores de período e a anterioridade tributária

Em constituindo, a anterioridade, garantia de conhecimento antecipado quanto ao novo tributo ou a eventual majoração de tributo já existente, impende que no interstício respectivo, assegurado pela anterioridade nonagesimal mínima em combinação com a anterioridade de exercício ou simplesmente pela anterioridade nonagesimal quanto às contribuições de seguridade social, não implique a atribuição de efeitos jurídico-tributários a nenhum ato, fato ou situação.

A anterioridade, mais do que preservar o passado, resguarda, ainda, como visto, o que ocorrer no período de *vacacio legis* forçada por tal garantia. E isto justamente para que o contribuinte tenha condições de se planejar para a nova carga tributária, considerando os novos custos, organizando-se para ter maior disponibilidade financeira de modo a suportar as obrigações tributárias que, a partir do decurso do prazo de anterioridade, passarão a surgir.

Valem para a anterioridade todas as considerações feitas na análise da irretroatividade relativamente à necessidade de se considerar alcançados pela proteção também os fatos geradores de período ocorridos em parte, impondo-se que se privilegie, na análise, os aspectos material e quantitativo da norma tributária impositiva relativamente ao aspecto temporal que eventualmente venha a ser estabelecido como ficção com vista a facilitar a aplicação da lei tributária. Isso porque a anterioridade vem igualmente assegurar a certeza do direito em maior grau ainda que a irretroatividade, provendo o conhecimento antecipado da norma tributária a que, adiante, estará o contribuinte submetido relativamente aos atos, fatos ou situações que lhe disserem respeito.

Os fatos geradores ocorridos em parte não constituem, como visto na análise da irretroatividade, fatos geradores que se possa considerar como simplesmente pendentes. O já ocorrido e que é capaz de gerar a obrigação tributária ainda que nada mais ocorra não pode, assim, ser alcançado por lei posterior, a qual terá de respeitar a irretroatividade e ainda a anterioridade. Do contrário, estar-se-á violando a segurança jurídica que estar garantias vieram preservar, qual seja, a certeza como conhecimento prévio e antecipado relativamente à nova carga tributária, restando estas, então, esvaziadas de conteúdo.

Entendemos, por isso, equivocada a decisão do Supremo Tribunal Federal quando do julgamento acerca do aumento de alíquota de 8% para 10% da Contribuição Social sobre o Lucro, decorrente de Medida Provisória publicada em setembro e que, embora sujeita à anterioridade nonagesimal do art. 195, § 6º, da CRFB, teve sua aplicação admitida relativamente ao lucro do ano em curso, todo, sob o argumento de que, em 31 de dezembro, quando a lei dizia que se deveria considerar ocorrido o seu fato gerador, os noventa dias já tinham decorrido. Veja-se o precedente:

> Recurso extraordinário. 2. Contribuição social sobre o lucro. Lei nº 7.856, de 25.10.1989, art. 2º. Elevação da alíquota de 8% para 10%. 3. O prazo de noventa dias previsto no art. 195, § 6º, da Constituição Federal, flui, no caso, a partir da data da Medida Provisória nº 86, de 25.9.1989, convertida na Lei nº 7856, de 25.10.1989. 4. Legitimidade da aplicação da nova alíquota, no exercício de 1990, sobre o lucro apurado a 31 de dezembro de 1989. 5. Orientação firmada pelo Plenário do STF, no julgamento dos Recursos Extraordinários nºs 197.790-3 e 181.664-3. 6. Recurso extraordinário conhecido e provido.[306]

---

[306] STF, 2ª Turma, unânime, RE 182.574/RS, rel. o Min. Néri da Silveira, fev/1997)

Isso implicou o afastamento da aplicação da legislação tributária que era do conhecimento do contribuinte e a qual estava submetido, a única que podia considerar para o planejamento da sua atividade econômica, em prol da aplicação de lei nova que, incidindo sobre o lucro do ano todo, atribuiu novos efeitos mais gravosos ao resultado de atividade econômica já ocorrida, rompendo com a garantia de certeza do direito que, simplesmente, restou absolutamente esvaziada de conteúdo e de sentido. Note-se, inclusive, que as próprias antecipações mensais da contribuição, submetidas a ajuste no exercício seguinte, passaram a se tornar insuficientes frente à majoração de alíquota, exigindo desembolso de recursos para cobrir a diferença a maior imposta pela lei nova relativamente ao resultado decorrente da atividade econômica já ocorrida antes do decurso do prazo nonagesimal e anteriormente, inclusive, ao próprio advento da lei.

Note-se, ademais, que o prosseguimento da aplicação da Súmula 584 do STF[307] implica também prática incompreensível à luz da certeza do direito, que resta absolutamente violada.

No que diz respeito ao imposto de renda, sequer a consideração equivocada do aspecto temporal da hipótese de incidência como referência para a análise da observância da anterioridade de exercício chega a ser suficiente para a admissão da incidência de novas alíquotas já relativamente ao lucro real, presumido ou arbitrado do ano em curso quando do advento da nova lei majoradora.

Isso porque, ainda que se considere ocorrido o fato gerador apenas em 31 de dezembro do respectivo ano, a anterioridade de exercício implicaria a impossibilidade de incidência da lei em tal data, só admitindo a sua incidência relativamente a fatos geradores ocorridos no ano subseqüente.

O equívoco perpetrado pelo STF, neste caso, pois, não decorre apenas da desconsideração da necessidade de pro-

---

[307] Súmula 584 do STF: "Ao Imposto de Renda calculado sobre os rendimentos do ano-base, aplica-se a lei vigente no exercício financeiro em que deve ser apresentada a declaração."

ver certeza do direito através da garantia da anterioridade, tampouco da equivocada supervalorização do aspecto temporal como referência para a análise da anterioridade, pois ainda isso seria insuficiente, por si só, para justificar a aplicação da Súmula 584. No raciocínio que forjou a Súmula 584,[308] tem-se a consideração que mais uma vez nos parece inadequada, de que a lei aplicável ao fato é a lei capaz de incidir no dia imediatamente subseqüente àquele em que se considera e não incidente no próprio dia da sua ocorrência. Alfredo Augusto Becker admitia tal tese:

> Quando a hipótese de incidência está coordenada por tempo sucessivo, a sua realização é gradativa; os fatos que compõem o seu núcleo e elementos adjetivos vão, aos poucos, à medida em que acontecem, realizando a hipótese de incidência até que aconteça o último fato que completará a sua integralização, isto é, a sua verdadeira realização. A incidência da regra jurídica somente ocorrerá depois do acontecimento do último fato e se todos os fatos (núcleo e elementos adjetivos) tiverem acontecido naqueles predeterminados lugares e épocas que coordenam a realização, no tempo e no espaço, daquela hipótese de incidência.
>
> É interessante observar que a realização da hipótese de incidência do imposto de renda cobrado pelo referido sistema de "ano base", somente atingirá a integralização no momento em que se extinguir o último momento do dia 31 de dezembro do ano base. Em conseqüência, a incidência de todas as regras jurídicas tributárias, que disciplinam aquêle imposto, ocorrerá apenas no primeiro momento do dia 1º de janeiro do novo ano e, logicamente, somente incidirão as regras jurídicas ainda vigentes naquele primeiro momento do dia 1º de janeiro. Noutras palavras, não haverá incidência das regras jurídicas cuja vigência expirou em 31 de dezembro do ano base e nem incidirão as regras jurídicas porventura promulgadas no dia 1º de janeiro do ano novo.
>
> E como a regra jurídica somente incide depois de realizada sua hipótese de incidência, o dever jurídico do imposto de renda disciplinado pelo sistema do ano base, somente nasce no referido primeiro momento do dia 1º de janeiro do ano posterior ao "ano base" e seu nascimento está disciplinado exclusivamente pelas regras jurídicas ainda vigentes naquele primeiro momento do dia 1º de janeiro do novo ano.
> [...]
> Diante do que foi exposto, compreende-se porque as rendas cuja tributação é disciplinada pelo sistema de 'ano base', podem ser tributadas por regras jurídi-

---

[308] Os precedentes que deram origem à Súmula 584 do STF justificam a posição assumida mediante invocação de decisões acerca não do próprio imposto sobre a renda, mas do empréstimo compulsório sobre aluguéis.

cas promulgadas depois da percepção da renda, sem que tal incidência viole direito adquirido ou esteja irradiando efeito retroativo.[309]

Daí o enunciado da Súmula 584 do STF no sentido de que, à renda considerada ocorrida em 31 de dezembro, aplicar-se-ia a lei capaz de incidir no exercício de apresentação da declaração, o seguinte.

Os equívocos, aliás, são muitos.

Admitir que o fato se submeta à lei vigente no dia seguinte é admitir que seja regido por lei que lhe é posterior. A incidência dá-se por ocasião mesmo da ocorrência do fato que, assim, já surge como fato jurídico, pois a ela são atribuídos efeitos pelo direito já então vigente.

A subsunção ocorre no momento mesmo em que ocorre o fato gerador e se submete, necessariamente, à lei então vigente e aplicável, e não à do dia posterior.

Cabe, aqui, distinguir a incidência e a aplicação. A incidência é automática, simultânea; a aplicação, esta sim, dá-se num momento subseqüente, mas não conforme a lei vigente quando do momento da aplicação e, sim, conforme a lei que regeu o fato, qual seja, a vigente quando da ocorrência do fato e que implicou que já surgisse não como um simples fato da vida, mas como um fato jurídico. O art. 144 do CTN, aliás, em seu *caput* é bastante claro e elucidativo a respeito: "O lançamento reporta-se à data da ocorrência do fato gerador da obrigação e rege-se pela lei então vigente, ainda que posteriormente modificada ou revogada".[310]

Por fim, a referência, na Súmula 584 do STF, à obrigação acessória de apresentação da declaração do imposto sobre a renda, é absolutamente impertinente, pois o surgimento da obrigação tributária de pagar tributo independe das obrigações acessórias eventualmente relacionadas ao

---

[309] BECKER, Alfredo Augusto. *Teoria Geral do Direito Tributário*. São Paulo: Saraiva, 1972, p. 366/367.
[310] Na abordagem que fizemos da irretroatividade, dissemos da inconstitucionalidade do § 2º desse mesmo art. 144 do CTN que diz da não aplicação do artigo aos impostos lançados por períodos certos de tempo desde que a respectiva lei fixe expressamente a data em que o fato gerador se considera ocorrido, pois isso enseja a consideração pura e exclusiva do aspecto temporal da norma tributária impositiva, acabando por implicar retroatividade constitucionalmente vedada.

mesmo. As obrigações tributárias acessórias são deveres autônomos,[311] não seguem o destino da obrigação principal, sendo que, inclusive, independem da mesma, tanto que, no próprio imposto sobre a renda, os isentos também são obrigados a apresentar declaração. A obrigação, nos termos do § 2º do art. 113 do CTN, "decorre da legislação tributária e tem por objeto as prestações positivas ou negativas, nela prevista no interesse da arrecadação ou da fiscalização dos tributos". Os fatos geradores das obrigações principais de pagar tributos e das obrigações acessórias, enquanto situações necessárias e suficientes ao surgimento de cada qual, são independentes uns dos outros.[312]

Importa a norma tributária impositiva e a ocorrência do respectivo fato gerador. Em nada interfere o simples cumprimento de obrigação acessória, não intervindo no surgimento daquela. A referência à apresentação da declaração, pois, apenas confunde a análise da questão e coloca dado a que nenhuma relevância deveria ser atribuída no que diz respeito à análise da obrigação principal de pagar tributo. Note-se que o imposto sobre a renda constitui tributo sujeito a lançamento por homologação, de modo

---

[311] "Ao lado da obrigação de dar, o Código Tributário Nacional coloca as acessórias, que têm por objeto prestações positivas ou negativas, previstas em lei, no interesse da fiscalização. [...] A acessória dá um suporte grande ao direito tributário na medida em que fiscaliza e controla esses recursos. A melhor doutrina não considera tais obrigações como acessórias da obrigação de dar; prefere ver nelas deveres de natureza administrativa, isso porque a relação obrigacional é passageira, dissolvendo-se sobretudo pelo pagamento, enquanto nos comportamentos impostos em caráter permanente, as pessoas designadas em lei o são sob um vínculo de durabilidade ou permanência não suscetível de exaurir-se com o mero cumprimento. A conclusão é que nem todos os comportamentos que o Código Tributário Nacional considera como obrigações devem ser efetivamente tidos como tais. Há que se discriminar entre obrigações 'principais' e os deveres. [...] A obrigação acessória é uma normatividade auxiliar que torna possível a realização da principal. É acessória no sentido de que desempenha um papel auxiliar. Não se quer dizer com essa denominação que a obrigação acessória esteja subordinada ou mesmo dependente da principal." (Celso Ribeiro Bastos, em *Comentários ao Código Tributário Nacional*, vol. 2, coord. Ives Gandra da Silva Martins, Ed. Saraiva, 1998, p. 146/148)

[312] CTN: Art. 114. Fato gerador da obrigação principal é a situação definida em lei como necessária e suficiente à sua ocorrência. Art. 115. Fato gerador da obrigação acessória é qualquer situação que, na forma da legislação aplicável, impõe a prática ou a abstenção de ato que não configure obrigação principal."

que a declaração respectiva não diz respeito sequer ao seu lançamento, constituindo simples instrumento para que o Fisco possa conferir, cotejar, fiscalizar o recolhimento feito pelo contribuinte.

A Súmula 584 do STF implica admissão de violação tanto à irretroativiade quanto à anterioridade de exercício, sendo certo que, relativamente à anterioridade mínima de 90 dias estabelecida pela alínea "c" do inciso III do art. 150 da CF, acrescida pela EC 42/2003, há exceção que beneficia o IR, conforme o § 1º do mesmo artigo.[313]

Para que se assegure a necessária certeza do direito, impende que se reconheça que a anterioridade – seja a de exercício, a nonagesimal mínima ou mesmo a nonagesimal das contribuições de seguridade social – impede a atribuição de novos e mais gravosos efeitos tributárias a atos, fatos ou situações ocorridos no interstício imposto como *vacacio legis* forçada que busca a assegurar o conhecimento antecipado de eventual nova carga tributária, abrangendo, a sua aplicação, o resguardo relativamente aos fatos geradores de período que já tenha ocorrido parcial ou totalmente.

---

[313] CF: Art. 150 [...] § 1º A vedação do inciso III, b, não se aplica aos tributos previstos nos arts. 148, I, 153, I, II, IV e V; e 154, II; e a vedação do inciso III, c, não se aplica aos tributos previstos nos arts. 148, I, 153, I, II, III e V; e 154, II, nem à fixação da base de cálculo dos impostos previstos nos arts. 155, III, e 156, I.

Conclusão

O preâmbulo da Constituição da República Federativa do Brasil anuncia a instituição de um Estado Democrático que tem como valor supremo, dentre outros, a segurança.

Segurança é a qualidade daquilo que está livre de perigo, livre de risco, protegido, acautelado, garantido, do que se pode ter certeza ou, ainda, daquilo em que se pode ter confiança, convicção.

O Estado de Direito constitui, por si só, uma referência de segurança. Esta se revela com detalhamento, ademais, em inúmeros dispositivos constitucionais, especialmente em garantias que visam a proteger, acautelar, garantir, livrar de risco e assegurar, prover certeza e confiança, resguardando as pessoas do arbítrio.

A garantia e a determinação de promoção da segurança revelam-se no plano deôntico assim, implicitamente, como princípio da segurança jurídica.

São cinco os conteúdos do princípio da segurança jurídica: 1 – certeza do direito (e.g: legalidade, irretroatividade); 2 – intangibilidade das posições jurídicas (e.g.: proteção ao direito adquirido e ao ato jurídico perfeito); 3 – estabilidade das situações jurídicas (e.g.: decadência, prescrição extintiva e aquisitiva); 4 – confiança no tráfego jurídico (e.g.: cláusula geral da boa-fé, teoria da aparência, princípio da confiança); 5 – tutela jurisdicional (e.g.: direito de acesso ao Judiciário e garantias específicas como o mandado de segurança e o *habeas corpus*).

O conteúdo de certeza do direito diz respeito ao conhecimento do direito vigente e aplicável aos casos, de modo que as pessoas possam orientar suas condutas conforme os efeitos jurídicos estabelecidos, buscando determinado resultado jurídico ou evitando conseqüência indesejada.

O princípio da segurança jurídica constitui, ao mesmo tempo, um subprincípio do princípio do Estado de Direito e um sobreprincípio relativamente a princípios decorrentes que se prestam à afirmação de normas importantes para a efetivação da segurança.

Fundamentando e dando sentido a diversas das limitações constitucionais ao poder de tributar, o princípio da segurança jurídica atua como sobreprincípio em matéria tributária, implicando uma visão axiológica convergente da legalidade, da irretroatividade e da anterioridade, garantias que asseguram a certeza do direito de modo mais intenso que nas demais searas de regulamentação das relações com a Administração ou mesmo privadas.

A compreensão das garantias dos artigos 150, I, *a*, 150, III, *a*, *b* e *c*, e 195, § 6º, da CRFB como realizadoras da certeza do direito no que diz respeito à instituição e à majoração de tributos permite que se perceba mais adequadamente o conteúdo normativo de cada uma delas, o que é indispensável à sua aplicação em consonância com o princípio que promovem.

O conteúdo normativo da legalidade tributária extrapola o da legalidade geral. A legalidade tributária implica reserva absoluta da lei, impondo que os tributos sejam instituídos não apenas com base em lei ou por autorização legal, mas pela própria lei, dela devendo ser possível verificar os aspectos da norma tributária impositiva de modo a permitir ao contribuinte o conhecimento dos efeitos tributários dos atos que praticar ou posições jurídicas que assumir.

Não há a possibilidade de delegação de competência legislativa ao Executivo para que institua tributo, qualquer que seja, tampouco para que integre a norma tributária impositiva, ressalvadas apenas as atenuações através das quais a própria Constituição, de modo excepcional, autoriza a graduação de alíquotas pelo Executivo.

Importa que se tenha a possibilidade de determinar, com suporte direto na lei, quais as situações que implicam o surgimento da obrigação tributária, quando e em que momento tal se dá, quais os sujeitos da relação tributária e como calcular o montante devido, independentemente de complementação de cunho normativo por parte do Executivo, ainda que a título de regulamentos *intra legem*.

A análise do atendimento ou não, por uma lei, à reserva absoluta faz-se pela verificação da determinabilidade mediante o critério da suficiência. A lei deve, necessariamente, conter referências suficientes, em quantidade e densidade, para garantir a certeza do direito.

Isso não significa, contudo, que todos os cinco aspectos da norma tributária impositiva (material, espacial, temporal, pessoal e quantitativo) devam, necessariamente, constar da lei de modo expresso. A conclusão sobre ser ou não completa determinada norma tributária impositiva depende da possibilidade de se determinar os seus diversos aspectos a partir da lei instituidora, ainda que mediante análise mais cuidadosa do seu texto e da consideração do tipo de fato gerador, da competência do ente tributante e dos demais elementos de que se disponha.

Não há impedimento à utilização de tipos abertos e de conceitos jurídicos indeterminados, até porque todos os conceitos são mais ou menos indeterminados, desde que tal não viole a exigência de determinabilidade quanto ao surgimento, sujeitos e conteúdo da relação jurídico-tributária, não se admitindo que a sua utilização implique delegação indevida de competência normativa ao Executivo.

Não há impedimento à utilização de norma tributária em branco que exija a consideração de simples dados fáticos ou técnicos necessários à sua aplicação. Inadmissível é a norma tributária em branco que exija complementação mediante a incorporação de conteúdo deôntico.

A definição em abstrato dos aspectos da norma tributária impositiva está sob reserva legal. A definição "em concreto" diz respeito a momento posterior, de aplicação da lei.

A CRFB não traz uma regra geral de irretroatividade. Seu art. 5º, inciso XXXVI, estabelece, apenas, que "a lei não prejudicará o direito adquirido, o ato jurídico perfeito e a coisa julgada". A CRFB estabelece a irretroatividade, isto sim, em outros artigos, como garantia especial quanto à definição de crimes e ao estabelecimento de penas e quanto à instituição e à majoração de tributos.

Ao prescrever que os entes políticos não podem instituir tributos "em relação a fatos geradores ocorridos antes do início da vigência da lei que os houver instituído ou aumentado", o art. 150, III, *a*, da CRFB estabelece uma garantia adicional em favor do contribuinte que extrapola a proteção ao direito adquirido e ao ato jurídico perfeito, assegurando-o contra exigências tributárias que tenham em consideração atos, fatos ou situações passados relativamente aos quais já suportou ou suportará os ônus tributários estabelecidos ou que não ensejaram imposições tributárias pelas leis vigentes à época, que eram do seu conhecimento.

A irretroatividade da lei tributária vem preservar o passado da atribuição de novos efeitos tributários, reforçando a própria garantia da legalidade, porquanto resulta na exigência de lei prévia, evidenciando-se como instrumento de otimização da segurança jurídica ao prover uma maior certeza do direito.

Não há, no texto constitucional, qualquer atenuação ou exceção à irretroatividade tributária.

Impõe-se considerar a locução "fato gerador", constante do art. 150, I, *a*, da CRFB, no sentido tradicionalmente utilizado no Direito brasileiro e consagrado no art. 114 do CTN, como a situação definida em lei como necessária e suficiente ao surgimento da obrigação tributária. "Fato gerador" está, assim, no sentido de "aspecto material da hipótese de incidência tributária". O aspecto temporal não tem o condão de substituir ou de se sobrepor ao aspecto material como critério para a verificação da observância das garantias constitucionais, mormente quando consubstancie ficção voltada a dar praticabilidade à tributação.

Atos já praticados, fatos ou situações já ocorridos, não podem ser considerados, por lei nova, como geradores de obrigações tributárias tampouco como passíveis de dimensionar ônus tributário novo.

A lei instituidora ou majoradora de tributos tem de ser, necessariamente, prospectiva, não se admitindo nenhum tipo de retroatividade, ainda que retrospectiva ou imprópria.

A irretroatividade assegura a certeza do direito para o contribuinte independentemente do tipo de fato gerador a que se refira a lei nova.

Não há que se confundir o fato gerador de período já ocorrido em parte com o fato gerador pendente propriamente. Os artigos 105 e 144, § 2º do CTN, no que ensejariam a aplicação da lei nova a todo o período já decorrido em parte, são incompatíveis com o art. 150, III, *a*, da CRFB de 1988, não tendo sido recepcionados.

Inaplicável, no Brasil, o entendimento do Tribunal Constitucional Federal alemão, que aceita a retroatividade imprópria. No Direito português e no Direito italiano, a lei geral tributária e o estatuto do contribuinte dispõem no sentido da aplicação da lei nova, em se tratando de tributo com fato gerador de período, ao período que tiver início após a sua publicação.

A garantia de anterioridade tem cunho exclusivamente tributário, não encontrando paralelo relativamente a obrigações de outra natureza.

Mais do que simples previsibilidade e do que não-surpresa, a anterioridade – seja a de exercício e a nonagesimal mínima, estabelecidas no art. 150, III, *b* e *c*, da CRFB, ou simplesmente a nonagesimal, estabelecida no art. 195, § 6º, da CRFB – assegura ao contribuinte o conhecimento antecipado dos novos ônus tributários.

A prorrogação de tributo temporário corresponde ao estabelecimento de uma carga tributária que não existiria não fosse a prorrogação, configurando, pois, imposição tributária que, relativamente ao período acrescido, é nova e inédita, submetendo-se à garantia da anterioridade.

No que diz respeito aos fatos geradores de período, a anterioridade tributária exige conhecimento antecipado da nova lei tributária mais gravosa relativamente ao próprio início do período.

A aplicação da Súmula 584 do STF viola tanto a irretroatividade como a anterioridade tributárias, sendo insustentável sob a égide da CRFB de 1988.

Bibliografia referida

ALFONSO, Luciano Parejo; DROMI, Roberto. *Seguridad Pública y Derecho Administrativo*. Buenos Aires; Madrid: Marcial Pons, 2001.

ALVIM, Eduardo Arruda. *Mandado de Segurança no Direito Tributário*. São Paulo: RT, 1998.

AMARO, Luciano. *Direito Tributário Brasileiro*. 2ª ed. São Paulo: Saraiva, 1998.

ANDRADE, Vieira de. *Os Direitos Fundamentais na Constituição Portuguesa de 1976*. Coimbra: Livraria Almedina, 1987

ATALIBA, Geraldo. *Hipótese de Incidência Tributária*. São Paulo: Revista dos Tribunais, 1991.

——. Periodicidade do Imposto de Renda I, Mesa de Debates. *Revista de Direito Tributário* nº 63. São Paulo: Malheiros

ÁVILA, Humberto Bergmann. *Sistema Constitucional Tributário*. São Paulo: Saraiva, 2004.

——. *Medida Provisória na Constituição de 1988*. Porto Alegre: Fabris, 1997.

——. Repensando o "Princípio da Supremacia do Interesse Público sobre o Particular". In *Revista Trimestral de Direito Público nº 24*.

BALEEIRO, Aliomar. Uma introdução à ciência das finanças. 14ª ed. Ver. e atualizada por Flávio Bauer Novelli. Rio de Janeiro: Forense, 1990.

——. *Direito Tributário Brasileiro*. Atualizada por Misabel Abreu Machado Derzi. 10ª ed. Rio de Janeiro: Forense, 1991.

BARRETO, Aires F. *ISS na Constituição e na lei*. São Paulo: Dialética, 2003

Em Algum lugar do Passado: Segurança Jurídica, Direito Intertemporal e o Novo Código Civil. In: ROCHA, Cármen Lúcia Antunes (coord.). *Constituição e Segurança Jurídica: Direito Adquirido, Ato Jurídico Perfeito e Coisa Julgada*. Belo Horizonte: Fórum, 2004.

BATISTA JÚNIOR, Onofre Alves. *O Poder de Polícia Fiscal*. Belo Horizonte: Mandamentos, 2001

BECKER, Alfredo Augusto. *Teoria Geral do Direito Tributário*. São Paulo: Saraiva, 1972

BONAVIDES, Paulo. *Curso de Direito Constitucional.* 5ª ed. São Paulo: Malheiros, 1994.

BORGES, Souto Maior. Princípio da Segurança Jurídica na Criação e Aplicação do Tributo. *Revista de Direito Tributário* nº 63. São Paulo: Malheiros, 1997.

CAMINHA, Vivian Josete Pantaleão. *O contrato diante da lei de ordem pública: um conflito superável.* Inédito.

CAMPOS, Diogo Leite de; CAMPOS, Mônica Horta Neves Leite de. *Direito Tributário.* Belo Horizonte: Del Rey, 2001.

CANOTILHO, J. J. Gomes. *Direito Constitucional e Teoria da Constituição.* Portugal:Coimbra: Almedina, 1998.

CAPPELLETTI, Mauro. *Acesso à Justiça.* Tradução de Ellen Gracie Northfleet. Porto Alegre: Fabris, 1988.

CARRAZA, Roque Antonio. *Curso de Direito Constitucional Tributário.* 20ª ed. São Paulo: Malheiros, 2004.

CARVALHO, Paulo de Barros. *O Princípio da Segurança Jurídica.* Revista de Direito Tributário, v. 61, 1994, p. 89.

——. *Teoria da Norma Tributária.* São Paulo: Max Limonad, 1998.

——. *Curso de Direito Tributário,* 8ª ed. Saraiva, 1996.

COUTO E SILVA, Almiro do. Princípios da Legalidade da Administração Pública e da Segurança Jurídica no Estado de Direito Contemporâneo. *Revista de Direito Público nº 84.* São Paulo: RT, 1987.

DERZI, Misabel Abreu Machado. Notas de atualização da obra de Aliomar Baleeiro, *Direito Tributário Brasileiro,* 11ª ed. Forense, 1999.

——. *Direito Tributário, Direito Penal e Tipo.* São Paulo: RT, 1988.

DIFINI, Luiz Felipe Silveira. *Manual de Direito Tributário.* São Paulo: Saraiva, 2003.

ENTERRÍA, Eduardo Garcia de. *La Constitución como Norma Y el Tribunal Constitucional.* Madrid: Civitas, 3ª ed. 1983; reimpesión, 1994.

FALCÃO, Amílcar de Araújo. *Fato Gerador da Obrigação Tributária.* Rio de Janeiro: Forense, 1994.

FARIA, Ernesto. *Dicionário escolar latino-português*; revisão de Ruth Junqueira de Faria. 6ª ed. 5ª tir. Rio de Janeiro: FAE, 1992.

FERREIRA, Aurélio Buarque de Holanda. *Novo Dicionário Aurélio da Língua Portuguesa.* 2ª ed. Rio de Janeiro: Nova Fronteira, 1986.

FERREIRA, Pinto. *Da Constituição.* Recife: Tese de concurso apresentada à docência-livre de Direito Constitucional na Faculdade de Direito da Universidade do Recife, 1946.

FERREIRA FILHO, Manoel Gonçalves. *Direitos Humanos Fundamentais.* São Paulo: Saraiva, 2000.

——. *Estado de Direito e Constituição.* 2ª ed. São Paulo: Saraiva, 1999.

FIGUEIREDO, Lúcia Valle. Princípios de Proteção ao Contribuinte: Princípio de Segurança Jurídica. *In Cadernos de direito Tributário* nº 47, jan/mar 1989

FURLAN, Valéria C. P. *IPTU*, Malheiros: 2000

GRECO, Marco Aurélio. *Solidariedade Social e Tributação*. São Paulo: Dialética, 2005

——. *Planejamento Fiscal e Interpretação da Lei Tributária*. São Paulo: Dialética, 1998.

GULLOP, Floyd G. *The Constitution of the United States: An Introduction*. USA: 1984.

GUTIERREZ, Mônica Madariaga. *Derecho Administrativo y Seguridad Jurídica*. Santiago de Chile: Editorial Jurídica de Chile, 1965.

HECK, Luís Afonso. *O Tribunal Constitucional Federal e o Desenvolvimento dos Princípios Constitucionais: contributo para uma compreensão da Jurisdição Constitucional Federal Alemã*. Porto Alegre: Fabris, 1995.

HOLMES, Stephen; SUNSTEIN, Cass. R. *The Cost of Rights; Why Liberty Depends on Taxes*. New York/Lodon: W. W. Norton & Company, Inc., 1999.

HORTA, Raul Machado. *Direito Constitucional*. 4ª ed. revista e atualizada. Belo Horizonte: Del Rey, 2003.

JARAH, Dino. *Finanzas Públicas y Drecho Tributário*. 3ª ed. Buenos Aires: Abeledo-Perrot, 1996.

KUTLER, Stanley I. *The Supreme Court and the Constitution/Readings in American Constitutional History*. Third Edition. W. W Norton & Company Inc., 1984.

KNIJNIK, Danilo. O Princípio da Segurança Jurídica no Direito Administrativo e Constitucional. *Revista do Ministério Público do Rio Grande do Sul* nº 35/205, 1995.

LAPATZA, José Juan Ferreiro. Norma Juridica Y Seguridad Jurídica. *Revista de Direito Tributário* nº 61/7.

MACHADO, Hugo de Brito. *Curso de Direito Tributário*. Malheiros, 1997.

——. *Mandado de Segurança em Matéria Tributária*. 3ª ed. São Paulo: Dialética, 1998.

MAURER, Hartmut. *Elementos de Direito Administrativo Alemão*. Tradução de Luís Afonso Heck. Porto Alegre: Fabris, 2001.

MENDONÇA, Maria Luiza Vianna Pessoa de. *O Princípio Constitucional da Irretroatividade da Lei; A Irretroatividade da Lei Tributária*. Belo Horizonte: Del Rey, 1996.

MURPHY, Liam; NAGEL, Thomas. *The Myth of Ownership*. New York: Oxford, 2002.

NASCIMENTO, José Marcelo Previtalli. A Anterioridade Nonagesimal e a Prorrogação da CPMF. *Revista Dialética de Direito Tributário nº 32*, 1998.

NOVAES, Jorge Reis. *Contributo para uma Teoria do Estado de Direito; do Estado de Direito liberal ao Estado social e democrático de direito*. Coimbra, 1987.

NOVELLI, Flávio Bauer. O princípio da anualidade tributária. *Revista de Direito Administrativo n° 137/9*.

OLIVEIRA, José Marcos Domingues de. Legalidade Tributária: O princípio da proporcionalidade e a tipicidade aberta. *Revista de Direito Tributário* n° 70, p. 106-116

OLIVEIRA, Yonne Dolácio de. *A Tipicidade no Direito Tributário Brasileiro*. São Paulo, Saraiva, 1980

RABELLO FILHO, Francisco Pinto. *O Princípio da Anterioridade da lei Tributária*. São Paulo: RT, 2002.

ROCHA, Carmen Lúcia Antunes. Coordenadora. *Constituição e Segurança Jurídica: Direito Adquirido, Ato Jurídico Perfeito e Coisa Julgada*. Belo Horizonte: Fórum, 2004.

ROTHENBURG, Walter Claudius. *Princípios Constitucionais*. Porto Alegre: Fabris, 1999.

SARLET, Ingo Wofgang. A Eficácia do Direito Fundamental à Segurança Jurídica: Dignidade da Pessoa Humana, Direitos Fundamentais e Proibição de Retrocesso Social no Direito Constitucional Brasileiro. *In* ROCHA, Carmem Lúcia Antunes. *Constituição e Segurança Jurídica: Direito Adquirido, Ato Jurídico Perfeito e Coisa Julgada*. Belo Horizonte: Fórum, 2004.

——. *A Eficácia dos Direitos Fundamentais*. 5ª ed. Porto Alegre: Livraria do Advogado, 2005.

——. *Dignidade da Pessoa Humana e Direitos Fundamentais na Constituição Federal de 1988*. Porto Alegre: Livraria do Advogado, 2001.

SILVA, De Plácido e. *Vocabulário Jurídico*. 1990.

SILVA, Enio Moraes da. *Limites Constitucionais Tributários no Direito Norte-Americano*. Curitiba: Juruá, 2001.

SILVA, José Afonso da. Constituição e Segurança Jurídica. In: ROCHA, Cármen Lúcia Antunes (coord.). *Constituição e Segurança Jurídica: Direito Adquirido, Ato Jurídico Perfeito e Coisa Julgada*. Belo Horizonte: Fórum, 2004.

SOUZA JÚNIOR, Cezar Saldanha. *A Supremacia do Direito no Estado Democrático e seus Modelos Básicos*. Porto Alegre: C.S. Souza Junior, 2002.

——. *Direito Constitucional Tributário; Questões Controvertidas*. Porto Alegre: C.S. Souza Junior, 2002.

SUNDFELD, Carlos Ari. *Fundamentos de Direito Público*. São Paulo: Malheiros, 1993.

TIPKE, Klaus. La Retroattività nel Diritto Tributário. In: *Trattato di Diritto tributário. I volume: Il Diritto Tributário e le sue Fonti. I Tomo*. AMATUCCI, Andréa. CEDAM, 1994

TORRES, Ricardo Lobo. *Curso de Direito Financeiro e Tributário*. 7ª ed. São Paulo: Renovar, 2000.

——. O Princípio da Proteção da Confiança do Contribuinte. *RFDT* 06/09.

———. O Caso da Contribuição ao Seguro de Acidentes do Trabalho (SAT). In: DERZI, Misabel Abreu Machado. *Construindo o Direito Tributário na Constituição; uma análise da obra do Ministro Carlos Mário Velloso.* Belo Horizonte: Del Rey, 2004.

———. A Segurança Jurídica e as Limitações ao Poder de Tributar. In: FERRAZ, Roberto (coord). *Princípios e Limites da Tributação.* São Paulo: Quartier Latin, 2005, p. 433.

———. *Tratado de Direito Constitucional Financeiro e Tributário.* Vol. II, Valores e Princípios Constitucionais Tributários. Rio de Janeiro: Renovar, 2005.

UCKMAR, Victor. *Princípios Comuns de Direito Constitucional Tributário.* 2ª ed. São Paulo: Malheiros, 1999.

VAZ, Manoel Afonso. *Lei e reserva da lei: a causa da lei na Constituição Portuguesa de 1976.* Porto, 1992

VELLOSO, Andrei Pitten. *Princípio da especificidade conceitual, vagueza da linguagem e tributação.* Inédito.

VILLEGAS, Héctor B. *Manual de finanzas Públicas.* Buenos Aires: Depalma, 2000.

———. Principio de seguridad jurídica en la creación y aplicación del tributo. El contenido de la seguridad jurídica. *Revista de Direito Tributário nº 66.* Malheiros.

XAVIER, Alberto. *Tipicidade da tributação, simulação e norma antielisiva.* São Paulo: Dialética, 2001.

YAMASHITA, Douglas. Limitações Constitucionais ao Poder de Tributar. In: AMARAL, Antonio Carlos Rodrigues do. *Curso de Direito Tributário.* São Paulo: Celso Bastos Editor, 2002.

Impressão:
Editora Evangraf
Rua Waldomiro Schapke, 77 - P. Alegre, RS
Fone: (51) 3336.2466 - Fax: (51) 3336.0422
E-mail: evangraf@terra.com.br